뒤르껭

교육과 사회학

뒤르껭 **교육과 사회학**

초판 인쇄   1978년 09월 05일
개정판 발행   2019년 02월 28일

지은이   에밀 뒤르껭
엮은이   이종각
펴낸이   김진남
펴낸곳   배영사

등   록   제2017-000003호
주   소   경기도 고양시 일산서구 구산동 1-1
전   화   031-924-0479
팩   스   031-921-0442
이메일   baeyoungsa3467@naver.com

ISBN   979-11-89948-00-9 (93370)
잘못 만들어진 책은 바꾸어 드립니다.

정가 9,000원

뒤르껭

교육과 사회학

Emile Durkheim 저

이종각 역

배영사

번역판에 붙여

　『교육과 사회학』은 프랑스 저명한 사회학자요, 교육학자였던 뒤르껭(Emile Durkheim)의 생전에 써 놓은 원고를 모아서 사후(死後)에 출판한 것으로서 그의 교육사상을 집약 표현한 것이라 할 수 있다.

　뒤르껭은 콩트(Auguste Comte)의 실증주의(實證主義)에 입각하여 객관적인 사회적 사실의 연구를 토대로 한 과학으로서의 사회학을 확립하였으며, 『사회적 분업론』『사회학적 방법의 규준(規準)』 등을 저술하였고 사회학자로서 더욱 잘 알려져 있다. 그러나 본래 그는 파리의 고등사범학교를 졸업하였고 보르도 대학 문학부의 강사로 재직하면서부터, 사회학과 더불어 교육학을 강의해 왔다.

뒤르껭의 교육사상에 관해서는 그 제자인 포코네(Paul Fauconnet)의 글에서 보다 상세히 설명되고 있으므로 여기에서 사족(蛇足)을 붙일 필요는 없을 것 같다. 다만 이 책은 독자 여러분들에게 참고삼아 강조하고자 하는 것은, 뒤르껭의 교육사상은 적어도 다음과 같은 몇 가지 점에서 현대 교육사조와 교육학의 발전에 크게 기여하였다는 사실이다.

첫째, 그는 그 이전에 유럽을 휩쓸었던 사변적(思辨的) 교육학을 배제하고, 교육을 경험과학(經驗科學)의 영역으로 끌어들임으로써 이른바 교육과학(敎育科學)을 발전시키는 데 기여했다는 사실이다. 물론 이 점은 오늘에 와서는 이른바 비판적(철학적) 교육학의 입장에서 새로운 비판의 대상이 되고 있는 것은 사실이지만 아무튼 그의 중대한 공헌이라고 아니할 수 없다.

둘째로, 그는 당시의 개인적·심리학적 견지에서만 교육을 보던 눈을 사회학적 측면에서 교육을 보도록 시야를 돌리는 데 크게 기여하였다는 점이다. 그는 교육을 하나의 사회적 사실로 보았으며 교육현상을 그 역사성과 사회성을 토대로 하여 관찰하여야 한다는 것을 역설하였다. 그는 교육이 개인의 흥미와 관심에 초점을 두기보다는 사회의 존속을 위한 조건을 영구히 재생하는 수단으로 간주되어야 한다고 주장했으며, 교육사회학의 발전을 위한 선구자가 되었다. 그가 교육현상을 보는 데 있어서 개인주의적 관점이나 인류 보편 주의적 견해를 벗어나서, 시간과 공간의 제약을 받는 구체적인 사회성(社會性)을 토대로 하고 따라서 그 역사성(歷史性)을 존중한 점은 지금에 와서 생각해 본다면 당연한 것이기는 하나 당시로서는 선각자 적인 통찰력을 과시한 것이었다 할 수 있다.

셋째로, 그는 도덕교육(道德敎育)에 대한 새로운 방향과 방법을 제시하였다는 사실이다. 그는 종교와 도덕의 미분화(未分化)를 탈피하여 도덕성의 사회학적 분석을 시도하였고 세속적인 도덕문화의 전수를 강조하였다. 그는 도덕성의 세 요소를 규율(規律)의 정신, 극기(克己)의 정신, 자율(自律)의 정신 등으로 분석하고 그것이 어떻게 형성되어 왔으며 그것을 어린이들에게 어떻게 불어넣어 주느냐를 논의하였다. 그의 도덕 교육론은 세속화와 사회학적 접근에 의한 도덕교육을 위한 전환을 마련한 점에 있어서 획기적이었다고 할 수 있다.

뒤르껭 교육사상을 이해하는 데 있어서 이 책은 거의 유일한 길잡이라 할 수 있다. 이미 세계 여러 나라에 번역 소개된 바 있는 이 책은 이제야 우리말로 번역된 것이 조금은 늦은 감이 있으나 반가운 사실이 아닐 수 없다.

김 종 철

차례

뒤르껭의 교육사상

폴 포코네(P. Fauconnet)

뒤르껭은 일생 동안 사회학뿐만 아니라 교육학도 함께 강의하였다. 수강자는 대부분이 초등학교 교사였다. 소르본 대학에서는 뷔송(F. Buisson)을 대신하여 교육학 과장 대리를 역임하였고, 그 후 정식으로 교육학 과장으로 취임하였다. 그는 사망하기 전까지 줄곧 자기 강의중 반 정도는 교육학 강의를 위해 소중한 시간을 보냈다. 그의 강의는 대중을 위한 강연, 초등학교 교사위원회를 위한 강의, 고등사범학교의 학생을 위한 강의 등 다양하였다. 교육에 관한 그의 논문 중 대부분이 출판되지 아니하였기 때문에 뒤르껭을 어느 정도 알고 있는 사람이라 할지라도 그의 사상의 전모를 완전히 파악하고 있는 사람이 거의 없다는 것은 의심할 여지없는 사실이다. 그러므로 여기에서 가능한 범위 내에서 그의 교육사상의 면모를 요약해서 살펴보고자 한다.

I

뒤르껭은 시대의 조류와 사상의 조류를 별개의 것으로 구분하여 생각하지 아니하고 시대의 조류에 맞는 자기의 사상을 형성하려고 하였다. 그는 교육을 하나의 사회적 사실로서 파악하였다. 즉 그의 교육이론은 그의 사회학을 구성하는 기본요소였다. "나는 한 사람의 사회학자입니다. 내가 여러분들에게 교육에 관하여 이야기하려는 입장은 무엇보다도 사회학자의 입장에서입니다. 더욱이 이러한 관점에서 교육문제를 전개해 나가는 것이 어떤 편견을 갖게 되는 것이기는 커녕 오히려 교육의 참 본질을 설명하는 데 이보다 더 적절한 방법이 없다고 나는 확신하는 바입니다"라고 뒤르껭은 말하고 있다. 교육은 분명히 사회적인 현상이다.

이것은 간단한 관찰로서도 입증할 수 있다. 첫째로 사회는 제각기 사회적 환경을 달리하고 있으며 거기에 따라 제각기 독특한 형태의 교육제도를 갖고 있다. 그리고 우리 프랑스 사회와 같이 불평등을 지양(止揚)하고 인류의 평등사회를 지향(志向)하는 사회에서 조차도, 선택하는 직업의 종류에 따라 교육도 다양하게 변하며 또 그렇게 되지 않으면 안 된다. 특수한 형태를 갖춘 교육제도도 모두 하나의 보다 큰 공통기반을 갖고 있으리라는 것은 의심할 여지가 없다. 그러나 이러한 공통 교육도 사회마다 각양각색으로 달라진다. 각 사회마다 제각기 자기 사회에 알맞은 이상적 인간상을 형성하고 있다. 교육의 초점은 바로 이러한 사회이상(社會理想)에 있다. 교육이 사회에 대해서 갖는 의미는 '사회의 유지 및 보존에 필요한 본질적 조건을 아동에게 확보시켜 주는 수단이다.' 그러므로 '각 국민마다 도덕·정치·종교 등에 관한 고유의 제도를 가지고 있는 것처럼 교육제도도 자기들에게 알맞고 국민형성에 효율적인 고유한 유형을 갖고 있다.' 이와 같은 사실을 바탕으로 하여 다음과 같이 교육을 정의할 수 있다. 즉 '교육은 아직 사회생활에 미숙한 아동들에게 성인이 끼치는 영향력이다. 교육의 목적은 아동에게 전체 사회적인 성격을 띤 정치사회와 아동이 처하게 될 특정한 환경에 적합하도록 신체적·지적·도덕적 특성을 계발하는 것이다.' 간단히 말해서 '교육은 아동을 사회화시키는 활동이다.'

왜 교육은 필연적으로 사회화 과정인가? 그 이유는 다음과 같이 설명할 수 있다. 추상적으로 밖에 구분할 수 없지만 우리에게 분명히 두 가지의 서로 다른 존재가 내재해 있다. 하나는 우리 자신에게 마저 적용되고 개인적 생활에만 적용되는 정신의 상태로서 구성되어 있는 것이다. 이것을 개인적 존재라고 불러도 괜찮을 것이다. 다른 하나는 우리의 개성을 표현하는 것이 아니라, 우리가 참여하고 있는, 여러 사회집단을 표현하고 있는 사상과 정서와 의도의 체계이다. 종교적 신념, 도덕적 신념과 관례, 국민 전통, 각종 직업전통, 각종 집단의견 등이 그러한 예들이다. 이러한 신념들의 총체(總體)가 사회적 존재를 형성하고 있다. 우리들 각자의 마음속에 이 사회적 존재를 형성시키는 것이 교육의 목적이다. 문명이 없다면 인간은 동물과 다를 바 없다. 인간이 인간다워지는 것은 오직 협동과 사회전통을 통해서만 가능하다. 도덕·언어·종교·과학의 체계는 집단이 힘들여 부지런히 일하는 것이 사회의 자산(資産)인 것이다. 욕망을 극복하려는 의지는 도덕에 의해서 형성되고, 단순한 감각 세계를 넘어서 지각할 수 있는 것은 언어를 통해서 가능하며, 인간다운 지성을 구성하는 기본적인 관념은 일차적으로는 종교에 의해서, 나아가서는 과학에 의해서 고쳐된다. 이러한 사회적 존재는 인간이 타고난 유기체 속에 완전한 형태로 부여되어 있는 것이 아니라, 형성시켜야 하는 것이다.

사회적 세력의 강도는 그 사회의 기반의 강도와 비례하며, 사회는 사회적 세력을 스스로 창출해 낸다. 그런데 인생을 막 출발하려는 아동들이 사회에 표출해 내는 것은 오직 개체로서의 본성뿐이다. 그러므로 사회는 새로운 세대가 탄생할 때마다 새로운 생각을 하고 채색해야 할 백지를 받아들이는 격이 된다. 신생아는 이기적이고 비사회적인 존재이기 때문에 가능한 한 빨리 그들에게 사회적이고 도덕적인 생활을 영위해 나갈 수 있는 새로운 능력을 길러 줘야 한다. 이러한 활동이 곧 교육인 것이다. 동물의 경우는 유기체의 생명을 안전하게 보호할 수 있는 본능적 인간 행동에 영향을 미치는 심리작용을 유전적으로 전수받으며, 동시에 대단히 단순한 사회적 생활을 할 수 있는 본능적 영향도 이어받는다. 그러나 인간이 사회적 생활을 영위해 나가는 데 필요한 기본적인 제반 소질(素質)은 대단히 복잡하여 '유기체적인 준비'가 불가능하기 때문에 이러한 소질을 유전(遺傳)만으로는 충분히 전수받을 수가 없다. 인간을 인간답게 하는 독특한 속성은 사회라는 채널을 통해서 사회의 영향을 받음으로써 계승할 수 있는 것이다. 왜냐하면 그러한 속성이 모두 사회적인 것이기 때문이다. 즉 그것은 교육적인 것이며, 교육에 관한 것이다.

이러한 관점에서 현상을 인식하도록 훈련받은 사람은 누구나 교육의 본질과 역할에 대한 사회학적 개념을 실증적으로 명백히 하고 있다. 이 명제를 뒤르껨은 기본공리(基本公理)라고 부르고 있다. 보다 정확하게 말하자면, 그것은 경험적 진리이다. 역사적으로 살펴볼 때, 스파르타의 교육내용은 스파르타 시민을 스파르타의 도시생활에 알맞도록 형성시킨 라세데모니아(스파르타의 일명) 문화이었으며, 페리클레스 시대의 아테네 교육의 내용은 아테네 사람들이 인간성에 적합한 동시에 아테네 시에도 유익한 이상적 인간상을 확립하여 여기에 맞도록 시민을 형성하려던 아테네 문화였다. 우리는 20세기의 프랑스 교육을 장래의 역사가들이 어떻게 해석할 것인가에 대해 이해하기 위해서는 미래에 대해 깊이 생각해 볼 필요가 있다. 프랑스 문화는 교육의 가장 이상적이고 인본주의적 측면에까지 깊이 스며들어 있다. 그리고 교육은 이 문화를 전수하는 활동이다. 간단히 말하면 교육은 프랑스가 자국의 입장에서 정립한 애국적이며 동시에 인간적인 국민을 육성하기 위하여서 프랑스 문화가 바라고 있는 이상적인 인간상으로 시민을 가르치려고 추구하는 것이다.

그러나 이와 같은 자명한 사실이 일반적으로 잘 인식되지 못하였으며, 특히 지난 19세기에는 심하였다. 당시의 철학자나 교육자들은 교육이 명백히 개인적인 일이라는 의견에 일치를 보였었다. 뒤르껨은 다음과 같이 서술하고 있다. '밀(J. S. Mill)과 마찬가지로 칸트(I. Kant)도, 또 스펜서(H. Spancer)와 마찬가지로 헤르바르트(Herbart)도 교육의 목적이 무엇보다도 개개인에게 각자의 완전성을 최고도로 도달시키면서 인간의 인간다운 본성을 실현시키는 것이라고 생각했다.' 그러나 의견의 일치가 진리의 보증이 되는 것은 아니다. 왜냐하면 고전철학은 특정 시공(時空)의 제한 속에서 살고 있는 구체적 인간에 관한 사색은 등한히 하였기 때문이다. 구체적 인간만이 유일하게 관찰 가능한 인간인데도 불구하고 철학자들은 인간의 보편적 본성에 대한 사색만 편중하여 극히 제한된 수의 사람을 대상으로 하였다. 그들의 사상은 체계가 서지 못하고 독단적이며 추상적으로 흘러 버리고 말았다. 일례로 철학의 추상성이 18세기의 정치사상을 크게 타락시켰다는 것이 오늘날 일반적으로 널리 인정되고 있다. 지나치게 개인주의적이고 지나치게 역사로부터 격리되었었기 때문에 철학은 생동하는 구체적 사회 환경으로 부터 격리된 가상적 인간에 대한 법칙을 설정하였다. 역사학과 역사의 고무(鼓舞)를 받은 철학의 영향을 받아서 발달한 19세기의 정치과학이 진보한 것은 세기(世紀)의 전환기에서 모든 도덕과학이 지향하던 방향으로 향한 진보였으며, 교육철학도 그 방향을 전환하지 않으면 안 되었다.

교육은 사회적 현상이다. 즉 교육은 아동을 주어진 대로 특정사회와 접촉하도록 만드는 것이지 일반사회와 접촉하도록 만드는 것은 아니다. 만약 이 명제가 옳다면, 그것은 교육연구를 단순히 사변적(思辨的) 명상으로 유도하지 않을 것이며 교육의 영향이 사회에 필수 불가결한 것이 되도록 유도할 것이다. 이와 같은 교육의 개념은 원리적으로 종종 논박의 대상이 되었다. 이 명제에 대한 각종 반대론의 유형을 뒤르껭의 이론에 따라 살펴보자.

먼저 보편주의적 또는 인본주의적 입장에서 제기하고 있는 반론(反論)을 살펴보자. 이 주장에 의하면 사회학은 편협한 민족주의를 고취시키므로 인간성의 장점을 희생시키고 국가의 이익 나아가서는 일개 정권의 이익을 앞세우게 된다는 것이다. 대전 중 독일교육은 라틴 교육과 아주 대조적이었다. 전자는 순전히 국가주의적이고 국가의 이익만을 위한 교육인데, 후자는 자유주의적이고 인본주의적 교육이었다. 의심할 여지없이 교육은 국가를 위하여 아동을 육성한다. 그러나 동시에 인간성도 육성하고 있음을 잊어서는 안 된다. 간단히 말해서 사회교육과 인간교육, 사회와 인간과 같은 용어와 용어 사이에 개재된 반론은 여러 가지 방법으로 제기되었다. 그런데 뒤르껭의 사상은 이러한 여러 종류의 반론을 상당히 극복한 것이다. 교육학자로서 그는 국가적 목적이 인간적 목적을 억압하여 국가적 목적만이 만연하게 되는 것을 원하지는 않았다. '교육은 사회적 현상이다'라는 것이 교육의 프로그램을 획일화 한다는 의미는 아니다. 이 점은 국가에 대해서도 마찬가지이다. 뒤르껭은 어떤 것이 지배적인 경향인가에 관계없이 이러한 사실이 어느 곳에서나 진리라고 생각하였다. 사해동포주의도 민족주의에 못지않게 사회적인 것이다. 갑의 문화체계에서는 교사들에게 국가를 가장 높은 곳으로 생각하도록 요구하는데, 을의 문화체계에서는 국가적 목적을 인간적 목적에 종속시키도록 요구할 수도 있으며, 병의 문화체계에서는 이들을 조화시킬 수도 있다. 보편적 이상이라는 것이 별도로 존재하는 것이 아니라, 다른 여러 종류의 문화를 연결시켜 주는 종합적 문화와 결속되어 존재하는 것이다. 더욱이 현대 세계에서는 각 나라마다 제각기 독특한 형태로 사해동포주의와 인본주의를 갖고 있으며, 이러한 주의 속에는 각국민의 독창성이 표현되어 있다. 그런데 '인간성'에 대한 의무와 '국가'에 대한 의무의 상대적 가치가 20세기의 프랑스 사람들에게 주는 의미는 무엇일까? 이들은 서로 어떤 갈등을 갖고 있는 것일까? 이러한 갈등은 어떤 방법으로 화해될 수 있는가? 이것은 무척 고상하면서도 난해한 질문이다. 그러나 이 질문은 사회학자가 민족주의적 이해(利害)관계 속에서 교육을 정의(定義)하는 한 해결될 수 없다. 사회학자가 이러한 문제를 다룰 때는, 편견이나 선입견에 휩쓸리지 말아야 한다. 교육을 사회적 현상으로 인식하는 방법이 그 사회의 교육관과 교육에 영향을 미치는 제변인과 사회적 세력을 분석하는 태도에 편견을 조장하는 것은 결코 아니다.

개인주의적 입장에서 제기되는 반론에 대하여서도 똑같은 대답을 할 수 있을 것 같다. 뒤르껭은 교육을 아동의 사회화로 정의하고 있다. 그런데 인간의 가치, 솔선수범, 책임감, 원만한 인격을 이루는 것이 무엇일까 생각해 볼 필요가 있다. 대개의 사람들은 사회를 개인과 대립적인 것으로 생각하는 데 익숙해져 있기 때문에 사회라는 용어를 자주 사용하는 모든 이론이 개인을 희생시키고 있다고 생각한다. 이러한 점에서 사람들은 또 다시 오류(誤謬)를 범하고 있는 것이다. 만약 개인적 삶이 독창적인 것이고 집단의 영향에 대한 저항정신으로 가득 찬 것이라면, 그런 개인적 삶은 바로 뒤르껭 자신의 삶이었을 것이다.

그리고 그의 도덕적 이론은 자신의 인격과 대단히 일치하고 있기 때문에 그의 이론을 개인주의적 이론이라고 불러도 모순되지 않을 것이다. 그는 첫 저작인 『사회와 노동의 분업』에서 자기의 역사철학을 전반적으로 제시하고 있는데, 이 책에 의하면 개인의 발견, 개인의 분화(分化) 및 개인의 해방은 문명진보의 주요특징으로 제시되고 있다. 반면에 개인의 자기 도취(陶醉)는 문명진보의 실제적 제한요소로 제시되고 있다. 그리고 이러한 역사철학은 도덕규율에 귀착된다. 즉 하나의 분명한 인격으로 된다. 그런데 어떻게 하여 이러한 이론을 교육에 있어서 개성 말살의 과정으로 보는가? 만약 교육의 목적이 분명히 인간을 형성하는 것이라면 그리고 교육하는 것이 곧 사회화하는 것이라면 뒤르껭의 견해와 같이 사회화하면서 개성화할 수 있다는 결론을 내릴 수 있다. 이것이 바로 뒤르껭의 사상의 핵심이다. 교육과 개성과의 관계에 대한 뒤르껭의 생각을 논의해 보자. 사상가로서 뒤르껭이 내린 교육의 정의(定義)는 조금도 개인의 가치나 역할을 과소평가하거나, 잘못 인식하는 일이 없는 정의이다. 그리고 사회학자들에게 다음 사항을 지적해 둘 필요가 있다. 즉 개인과 사회의 관계 및 사회진보에 미치는 엘리트의 역할에 대한 뒤르껭의 사상적 기초는 그의 교육 분석에서 가장 잘 표현되어 있다는 점이다.

마지막으로 사회이상론(명목론)의 입장에서 뒤르껭의 사회실재론을 반박하는 사람이 있다. 뒤르껭이 아무리 그렇게 되어야 하는 존재와 별개의 것이라고 변호 할지라도 그는 이성의 힘을 격하시키고 인간노력에 좌절감을 갖다 주었다는 비난을 면하기 어려울 것이다. 그러나 어떻게 하여 이 사회실재론이 그의 행동지침으로 채택되게 되었는가를 이해할 필요가 있다. 그러기 위하여서는 그의 교육사상을 살펴보아야 한다.

II

뒤르껭의 모든 강의는 그의 깊은 정신적 요구로부터 나온 해답이며, 그러한 정신은 곧 과학적 정신의 기본적 전제요건이다. 독단적 사상이나 저자의 욕망 이외에는 아무것도 표현하지 못하는 행동계획 같은 것에 대해서 뒤르껭은 진정한 반감을 느끼고 있다. 그는 자료에 근거한 사고를 필요로 하였으며, 관찰 가능한 실제와 그의 독특한 개념인 사회적 현상을 근거로 하는 사고를 필요로 하였다. 사회적 사실을 사회적 현상으로서 관찰하는 것이 그의 연구법의 제일 규칙이었다. 도덕문제에 관하여 논할 때에도, 그는 먼저 사실 즉 사회적 현상을 제시하였다. 그리고 표현 양식에 있어서도 비록 그 대상이 비물질적인 정신적인 것일지라도 그는 개념분석으로 만족하지 아니하고 실재를 파악하고 설명하고 취급하였다. 교육도 하나의 사회적 현상이다. 다른 말로 하면 교육은 하나의 사실이다. 실제로 교육은 어느 사회에서나 발견할 수 있는 형상이다. 전통과 관습과 외형적 내재적 규율에 동조하면서 또 주어진 제도적 틀 속에서, 주어진 행동방식에 따라 또 그 집단의 사조와 정기(精氣)의 영향을 받으면서 20세기의 프랑스라는 역사적 상황의 범위 내에서 교사들은 교육을 실시하고 아동은 교육을 받는다. 이와 같은 교육환경은 모두 기술되고 분석되고 설명될 수 있다. 이제 교육과학의 개념이 분명하게 되었다. 교육과학의 고유한 기능은 현실을 알고 이해하는 것이다. 그것은 교사의 효과적 활동과 혼동되어서도 안 되고 더욱이 이러한 활동을 지도하는 데 관심을 가진 교수법과 혼동하여서도 안 된다. 교육은 교육과학의 대상이다. 즉 교육과학이 교육과 똑같은 목적으로 연구되는 것은 아니라, 다만 교육과학이 교육을 대상으로 연구하는 한 교육의 목적을 가정하고 있을 뿐이라는 말이다.

뒤르껨은 교육과학이 대체로 심리학적 측면을 많이 띠고 있다는 데 반론을 제기하지는 않았다. 심리학은 생물학에 그 기초를 두고 병리학적 입장에서 그 영역을 확대시켜 왔다. 심리학 하나만으로도 왜 아동에게 교육이 필요하고, 어떤 측면에서 아동과 성인이 다르며, 아동의 감각·기억·연상과 주의 집중능력·상상력·인격과 의지 등이 어떻게 형성되고 발달하는가를 이해할 수 있다. 성인심리학과 관련이 있는 교육자 자신의 심리학, 즉 교사심리학에 의해서 보완된 아동심리학은 교육을 연구하는 다양한 과학적 접근 중의 하나로서 보편적으로 타당하다고 인정을 받고 있다.

그러나 심리학적 접근은 가능한 두 가지 접근법 중의 하나에 지나지 않는다. 심리학적 접근으로 하는 사람은 교육이라는 사실의 두 측면 중 오직 하나의 측면에만 접근하고 있는 것이다. 왜냐하면 심리학은 아동이 무엇이며, 누가 교육을 받을 것이며, 아동의 동화(同化)와 반응 양식에 대해서는 적절히 설명해 주지만, 교육이 전달하고 있는 문화의 본질이나 문화를 전달하는 데 사용하는 제도와 체제의 본질을 설명하는 데는 적절하지 못하기 때문이다. 20세기의 프랑스에는 학교 수준별로 볼 때 초등·중등·고등 및 기술교육의 4종이 있으며 각급 학교간의 관계도 독일이나 영국·미국에서 학교간 관계와는 전혀 다르다. 중등교육은 프랑스어·고전어·현대어·역사·과학 등에만 머물러 있을 뿐이다. 1600년 경의 중등교육은 라틴어와 그리스어만 가르쳤으며, 중세기에는 변증법(辨證法)만을 가르쳤다. 그러나 현대의 프랑스 교육은 귀납적·실험적 방법도 가르치고 있다. 미국교육은 이 방법에 더욱 치중하여 가르치고 있다. 반면에 중세의 인본주의적 교육은 책에만 의존한 교육을 하였다. 이렇게 볼 때 교육기관이나, 원리·방법들도 모두 사회적 사실이라는 점이 명백히 밝혀졌을 것이다. 책은 그 자체가 하나의 사회적 사실이며, 어떤 책을 예찬하거나 그러한 예찬이 소멸되는 것은 사회적 원인에 따라 발생하고 소멸하는 것이다. 이러한 것을 어떻게 심리학적으로 이해할 수 있을까? 역사상 특정시대의 특정사회가 실시한 체육·도덕·지식 등에 관한 교육은 명백히 사회학의 영역에 속한다. 교육연구의 두 측면 중의 하나는 사회학적 측면인 것이다. 관찰대상으로 주어진 하나의 사실로서 교육을 과학적으로 연구하려면 사회학이 심리학과 협동하지 않으면 안 된다. 이러한 관점이 바로 뒤르껭이 교육과학에 접근하고 있는 방법이다.

이러한 접근을 시도함에 있어 그는 자기 사고방식의 내면적 논리에 따라 새로운 방법을 개혁한 선구자였으며, 이 방법은 그 뒤 더욱 명료화되고 풍부화되어 오늘날 일대 유행하고 있는 이론이 되었다. 독일에서는 '사회학적 교육학'이라는 용어를 창조했고, 미국에서는 '교육사회학'이라는 용어를 고안해 내었다. 이 두 용어는 그 지향하는 목적면에서는 같으나, 아직까지도 매우 다른 내용을 뜻하고 있다. 한편으로는 뒤르껭이 생각한 것과 같은 교육에 대한 사회학적 연구와 다른 한편으로는 인간을 사회생활에 적합하도록 주입하는, 케르셴슈타이너(Kerschensteiner)가 말한 소위 '시민교육'을 하는 교육제도를 뜻하기도 하는 모호한 상태이다. 미국식의 '교육사회학'은 교육에 대한 사회학적 연구를 의미하는 동시에 학급현장에 교과목으로서 사회학을 채택하여 가르치는 것을 의미하는 등의 혼돈을 빚고 있다. 뒤르껭이 정의한 교육과학은 용어 그대로의 의미에서 사회학적인 것이다.

뒤르껭이 말한 '교육학'은 교육활동 그 자체도 아니고, 교육에 대한 사변적 학문도 아니다. 그것은 전자에 대한 후자의 체계적 반응이며, 심리학과 사회학의 발견 중에서 교육의 실천과 개혁의 원리를 탐구하는 반영적(反映的) 사고의 업적이다. 이렇게 파악한 교육학은 몽상적으로 흐르지 않으면서도 이상적인 방향으로 지향할 수 있다.

수많은 탁월한 교사들이 성취 불가능하거나 혹은 독단적으로 선정한 목적을 교육 목적으로 채택하여, 부자연스러운 학습방법을 제안하면서 체제 정신에 굴복 동화되고 만 역사적 사실을 뒤르껭은 부정하지 않았을 뿐만 아니라, 나아가서 다른 사람과는 달리 그는 이러한 전례(前例)에 경고를 하였다. 이러한 측면에서 사회학은 편재(偏在)되어 있는 적과 싸우고 있는 것이다. 도덕 · 정치 · 경제 등까지 포함하는 모든 영역에서 제도에 관한 과학적 연구는 주어진 환경적 조건을 고려하지 아니한 채 인간의 최대 행복만을 확보할 수 있는 처방을 만들려는, 본질적으로 인위적(人爲的)인 철학에 의해서 인도되어 왔다. 이러한 상황은 바로 사회학이 싸워야 할 적인 것이다. 실제로 아동에게 부여되고 있는 교육을 고려하지 않고, 선험적으로만 아동은 이렇게 양육되어야 한다고 세부적으로 규정하는 것은 사회학자의 지적 습성에 가장 모순되는 사고방식이다. 학문적 사고개념, 교육과정, 교수방법, 전통, 관례, 유행, 새로운 착상, 교사의 이상(理想) 이러한 것 모두가 사실들이며, 이런 사실에 관하여 사회학은 그것을 변화시키려는 의도보다는 오히려 그 존재 이유와 존재양식을 발견하려는 것이 일차적 임무이다. 만약 프랑스 교육이 전반적으로 전통적인 것이어서 새로이 창안된 기술이나 방법을 거의 채택·적용하지 않았다든지, 프랑스 교육이 직관적 능력, 교사의 재치 있는 기술과 주도를 강조하고 있다든지, 또 아동의 자유로운 발달을 중시하고 있다든지, 심지어는 프랑스 교육이 교사의 체계적인 지도가 부족하여 다수에게 영향을 미치지 못하고 그들이 산만한 환경 하에 비자발적으로 남아 있다고 하더라도, 이러한 상태의 교육도 모두 그럴 만한 이유를 가진 하나의 사실이며, 조잡하게나마 프랑스 사회의 존속조건에 일치하는 하나의 사실이다. 그러나 사회학에 자극을 받은 교육학은 우연발생적인 '교육제도'를 옹호하려 하지도 않으며, 아동의 자연스런 발달을 저해시키면서 아동을 '기계적(機械的)'으로 육성해야 한다고 주장하지도 않는다. 따라서 마치 사회의 소멸해 버린 영향을 다시 반영하는 것이 필연적으로 그 영향을 왜곡시키게 되는 것처럼 교육을 교육학과 대립시킬 것을 주장하는 저명한 사상가들의 반대는 약해져 버린다.

그러나 이러한 생각이 과학적 사색은 실제적으로 무용하다든지, 실재주의(實在主義)는 존재하고 있는 모든 것을 인정하는 게으른 보수적 특징이라고 주장하는 것은 아니다. 콩트는 예언하고 통제하기 위하여 이해하는 것이 실증과학이라고 말했다. 사회적 현상의 본질을 잘 알수록, 그러한 지식을 더 유효적절하게 활용할 수 있는 것은 사실이다. 예를 들면 교육자는 아동의 관심을 선도할 의무가 있다. 따라서 교육자가 아동의 본성을 보다 정확하게 파악하고 있다면, 그가 아동의 관심을 보다 잘 선도할 수 있으리라는 것은 당연하다. 그러므로 심리학은 실제적 적용원칙을 제공해 주고 있으며, 이 원칙에서 교육학은 교육의 원리를 구성하고 있다. 교육사회학도 실제적 적용을 제공해 줄 수 있다. 도덕의 세속화는 무엇을 의미하며 어떤 함축적인 의미를 갖고 있는가? 세속화된 원인은 무엇인가? 세속화될 때 어떤 저항세력이 나타났는가? 도덕교육을 종교교육과 분리시키게 되면 어떤 곤란에 부딪치게 되며 어떻게 그 곤란을 이겨나갈 수 있는가? 이러한 문제들은 명백히 사회적 문제이며 현대사회가 실제 당면하고 있는 과제이다. 이러한 문제들에 대해 공정한 연구를 하여 20세기의 프랑스 교사가 교육실천현장에서 유용하게 활용할 수 있는 교육학적 원리를 발견할 수 있다는 점을 누가 어떻게 감히 의심할 수 있겠는가? 사회의 위기나 갈등에는 으레 원인이 있게 마련이다. 그렇다고 해서 이런 문제의 해결 방법을 모색하지 않아도 좋다고 말하는 것은 아니다. 절대적 가소성(可塑性)을 가진 제도는 없으며 또 의도적 수정에 절대적으로 저항하는 제도도 없다. 모든 제도를 각기 그 역할에 알맞도록 개선하고, 제도 상호간의 관계를 개선하고, 나아가 전체적인 문명체계에 적합하도록 제도를 개선하는 데에 합리적인 정치학의 활동무대는 제공된다. 마찬가지로 교육제도가 그렇게 될 경우에는 합리적 교육학의 활동 무대를 제공해 줄 수 있다. 이 활동무대는 보수적인 것도 아니며 혁명적인 것도 아니고, 인간의 의도적 행동이 유효적절하게 작용할 수 있는 범위 내에서는 항상 유효할 수 있는 활동 무대이다.

여기에서 실재론과 이상론이 화해할 수 있는 가능성을 발견하게 된다. 이상은 곧 현실이다. 예를 들어 보면, 현대의 프랑스는 지적 이상형(理想型)을 갖고 있으며, 아동에게 제시할 지성의 이상형도 간직하고 있다. 그러나 이러한 이상은 아주 복잡하고 혼돈되어 있다. 교육에 대한 정치평론가들의 주장은 제각각 교육의 한 측면, 한 요소만 보는 경향이 있다. 교육의 변수에는 가문·연령 그리고 소위 지향의 차이 등이 있다. 어떤 지향성은 일파의 사회적 경향과 조화를 이루고 또 다른 지향성은 그와 반대되거나 혹은 다른 사회적 경향과 조화를 이루고 있다. 이렇게 복잡한 이상을 하나의 사회적 현상으로 취급하는 것이 불가능하지는 않다. 즉 그 구성요소를 분석하고, 그 요소의 발생기원을 탐구하고, 그 요소들과 부합하는 원인과 필요를 결정하는 것이 불가능하지 않다는 것이다. 그러나 이러한 연구는 무엇보다도 사심 없는 연구이기 때문에 가능한 수업활동의 형태 중에서나 혹은 선정된 수업활동을 적용할 때 지켜야 할 제반 규칙들 중에서, 어떤 것을 합리적인 것으로 선택하기 전의 준비단계로서는 가장 좋은 것이다. 필요에 따라서 수정하고 변경한다면 도덕교육이나 일반교육 나아가서 구체적인 의문사항에 이르기까지 위와 같은 방법을 사용할 수 있다. 간단히 말해서 시민이나 입법가·행정가·부모·교사들은 그 대상이 제도의 근본적 개혁에 관한 문제이건, 그 제도의 원활한 기능에 관한 것이건 간에, 그들은 끊임없이 합리적 선택을 하지 않으면 안 된다. 그들은 임의로 다루어지지 않는 저항적 사회적 현상을 취급하고 있는 것이다. 이 저항적 사상이란 사회환경·제도·관례·관습·전통·집단기풍 등을 말한다. 사회학에 의거하는 정도까지 교육학은 이러한 선택을 합리적으로 할 수 있도록 기여할 수 있다.

이와 같이 뒤르껭은 과학자로서 뿐만 아니라 한 시민으로서도 행위에 관한 합리적 개념을 극히 중요하게 생각하였다. 그는 건설 없이 파괴만 일삼는 부정적 개혁에 대해서는 말할 것도 없고, 개선은 없고 혼란만 초래하는 개혁가의 선동에도 적의를 품었던 것이 사실이다. 그러나 뒤르껭이야 말로 행동을 위한 진정한 정열과 멋을 가진 인간이었다. 그는 어떤 행동이 결실을 맺으려면 그 행동이 적용될 사회의 제반조건을 고려하여 그 가능성과 제한성·유용성 등을 고려하여야 한다고 생각하였다. 그는 교사를 위한 교육학 강의에서도 언제나 현실적 성격을 띠었다. 다른 저작을 살펴보더라도 그가 교육에 대하여 순수하게 사색적인 탐구에 몰두한 흔적은 발견할 수 없다. 그는 강의를 할 때도 위에서 정의한 것과 같은 과학적 방법으로 학과 내용을 다루었다. 교육 내용의 선택은 당시 프랑스 공립 고등학교 교사들이 직면하는 각종 현실적인 어려운 사정을 고려하여 자신이 결정하였다.

III

뒤르껭은 생전에 써서 남긴 원고 중에 '초등학교의 도덕교육'에 대한 18개의 강의안을 그대로 남겨 놓았다. 이 강의안의 개요를 아래에서 살펴보겠다. 첫 강의는 일상인의 도덕성에 대한 서론으로서, 여기에서 뒤르껭은 프랑스의 교사에게 의무적으로 부과되는 과업을 규정하고 있다. 즉 일상적이면서도 도덕적인 성격을 공유(共有)한 교육을 실시하지 않으면 안 되는 교사의 과업에 대해서 논하고 있다. 이러한 도덕의 세속화는 장구한 역사의 전개와 함께 일어나지만 그리 쉽게 되지는 않는다. 문화사적(文化史的)으로 살펴볼 때 도덕은 종교와 밀접한 관련을 맺고 있었으며, 따라서 종교나 도덕의 분리가 필연적인 것임에도 쉽사리 이루어지지는 않았다. 만약 누가 모든 종교에서 도덕성을 제거해 버린다면, 그는 종교를 불구자로 만드는 것이다. 왜냐하면 종교는 그 특유의 상징적 언어를 사용하여 진리를 표현하고 있기 때문이다. 이러한 진리를 표현하고 있는 상징이 소멸되어 버린다고 해서 진리 자체마저 잃어버려서는 안 된다. 이러한 진리는 재발견되어야 하고, 일상생활철학의 수준에까지 투사되어야 한다. 합리주의자의 도덕체계, 특히 비형이상학적 도덕체계에서는 도덕성을 지나치게 단순하게 설명해 왔다. 도덕에 대한 사회학적 분석은 종교적으로 흐르지도 않고 형이상학적으로 흐르지도 않는다. 그러면서도 그것은 전통적인 종교적 도덕성만큼이나 복잡하고 또 어떤 측면에서는 그보다 더 풍부하게 도덕성에 합리적 기초를 제공해 줄 수 있다. 또 사회학적 도덕분석은 도덕적 세력의 생동적 원천에까지 거슬러 올라가 분석할 수 있다.

이 강의는 그 성격을 전혀 달리하는 두 부분으로 구성되어 있다. 이러한 구성형태는 앞에서 살펴본 교육학에 대한 사회학의 공헌과 심리학의 공헌을 잘 예시해 주고 있다. 제1부는 도덕성 자체의 문제, 즉 교육을 통하여 아동에게 전달하는 도덕문화(道德文化)를 취급하고 있다. 이것은 사회학적 분석의 대상이다. 제2부에서는 이러한 도덕에 동화되어야 할 아동의 본질에 대한 연구로서 심리학이 두드러지게 공헌한다.

『도덕론(道德論)』의 개요를 출판하려고 저작하는 도중 뒤르껭이 사망하였기 때문에, 도덕분석에 집중한 8개의 강의안은 이 주제에 대한 생전에 써서 남긴 원고 중 가장 중요한 것이다. 이 강의는 그가 「프랑스 철학회지」에 실린 〈도덕적 사실의 결정〉이란 논문과 관련이 있다. 그는 구체적 의무는 다루지 않고 있으나 도덕의 일반적 성격에 대하여 논하고 있다. 뒤르껭의 입장에서는 이것이 바로 철학자들이 말하는 이론적 도덕성과 같은 것이다. 그러나 그가 적용한 방법은 이 주제에 대해 새로운 서광을 비춰 주었다. 사회학은 가족ㆍ국가ㆍ재산ㆍ계약 등의 실제적 의미에 대한 연구방법을 확실하게 해 놓고 있다. 그러나 선과 의무에 관해서는 그 문제가 제도의 문제가 아니라 순수한 개념의 문제인 것 같으며 따라서 적절한 관찰방법이 없기 때문에 추상적 분석방법이 적용되고 있는 것 같다. 이것이 바로 뒤르껭이 본 연구 주제에 대한 접근관점이었다. 의심할 것 없이 도덕교육의 역할은 아동에게 각종의

무를 전수하고 구체적 덕목을 하나하나 창조해 나가는 것이다. 도덕교육의 또 하나의 역할은, 아동의 도덕에 대한 일반적 적성을 개발하는 것이다. 이 일반적 도덕 적성이란 도덕 생활의 근원으로부터 아동에게 도덕적으로 뜻을 같이하는 사람을 형성해 주고, 진보의 조건인 솔선 창시를 할 만반의 준비를 갖춘 근본적 기질을 말한다. 도대체 현대 프랑스 사회에서 일반 도덕교육이 지향하고 실현해야 할 목적으로 채택해야 할 도덕적 기질의 요소는 무엇인가? 이러한 요소는 기억될 수 있을 것이며, 그 본질과 역할도 이해될 수 있을 것이다. 그리고 소위 이론적 도덕을 구성하는 내용은 바로 이 제요소를 기술해 놓은 것이다. 철학자들은 제각기 자기 나름대로 도덕의 기본요소를 열거하고 있다. 그러나 그들은 기술하였다기보다는 오히려 구성했다고 하는 편이 옳다. 우리가 기본요소를 기술한다면 개인의 이상이 아니라 우리 문화의 이상을 대상으로 해서만 할 수 있다. 그러므로 도덕교육에 관한 연구는 철학자들이 취급한 추상적 개념에 대응하는 현실에서 존재하는 형태를 사실 속에서 파악할 수 있게 해 준다. 도덕교육연구를 사회학적으로 함으로써 도덕성의 가장 일반적인 특성이 무엇인지 관찰할 수 있다. 왜냐하면 교육을 할 때에 우리가 도덕성을 인지하는 때는 도덕성이 전달되는 그 순간이다. 이 순간이 도덕과 개인적 양심이 분명히 구분되는 순간이기 때문에 우리는 도덕을 인지하게 된다. 그리고 도덕은 개인적 양심의 복합체로 둘러싸여 있다.

뒤르껭은 도덕성의 기본요소를 세 가지로 요약하고 있다. 이 세 요소는 규율의 정신, 극기의 정신, 자율의 정신이다. 첫째 요소인 규율의 정신을 분석한 과정을 뒤르껭의 생각에 따라 살펴보자.

규율의 정신이란 조화에 대한 감각과 감식력, 욕망의 한계에 대한 감각과 인식력, 준법정신을 말하며, 이것은 개개인이 충동을 억제하고 노력할 것을 요구한다. 그런데 왜 사회생활은 조화와 억제와 노력을 요구하는 것일까? 그리고 어떻게 하여 개인은 이와 같이 어려운 요구사항을 자신의 행복의 조건으로 받아들이게 되는가? 이러한 질문에 대답하기 위해서는 규율의 기능에 대해 언급하지 않을 수 없다. 어떤 이유로 사회는 규율을 개인에게 강요할 자격을 갖게 되는가? 특히 선험적인 것처럼 보이는 절대적 명령의 권위를 개인으로 하여금 존중하도록 하는 감정을 일깨워 줄 자격을 사회는 갖게 되는가? 이 질문에 대답하려면 규율의 본질과 규율의 합리적 근거가 무엇인지를 파악해야 한다. 마지막으로 왜 규칙이 모든 종교적 또는 형이상학적 상징주의와 별개의 것으로 생각될 수 있고 또 그렇게 되어야만 하는가? 규율의 세속화는 규율정신의 내용을 어떤 점에서 수정(修正)하고 있는가? 세속화가 요구하는 것은 무엇인가? 또 허용하고 있는 것은 무엇인가? 이러한 질문을 해 볼 때 우리는 규율의 본질과 기능을 이 이상더 문화 일반의 조건과 관련시켜 생각할 것이 아니라, 우리가 살고 있는 문화의 구체적 존재조건과 관련시켜 생각할 필요가 있다. 그리고 프랑스 국민의 규율정신이 당위적인 것인지 아닌지, 혹은 병리적으로 약화된 것은 아닌지를 연구해야 하며, 그리고 교육이 통합성(統合性)을 유지하면서 국민도덕을 개설할 수 있는 방법은 무엇인가도 연구해야 한다.

극기(克己)의 정신에 관해서도 위와 마찬가지의 분석을 할 수 있다. 개인적 관점에서 뿐 아니라 사회적 관점에서도 극기의 정신은 무엇이며, 무슨 이용가치가 있는 것인가? 20세기의 프랑스 국민으로서 우리가 스스로를 헌신해야 하는 대의명분은 무엇인가? 여러 대의 명분간의 위계관계는 어떠한가? 또 그들 사이의 부분적인 상충성(相衝性)은 어디서 연유되며 어떻게 타협을 보게 되는가? 자율의 정신에 관해서도 이와 똑같은 질문을 할 수 있다. 마지막 요소인 자율의 정신을 분석하는 것은 특히 실효성이 크다. 왜냐하면 이 질문은 도덕에 대한 최신의 특징 중의 하나에 관련된 것이며, 현대 민주사회의 세속적이고 합리적 도덕이 갖고 있는 가장 큰 특징과 관련된 것이기 때문이다.

이상의 요약에서 뒤르껭이 사용한 방법의 우수성 중 중요한 점이 충분히 밝혀졌을 것이다. 그는 도덕생활의 복합성과 풍부성을 전체적으로 파악하고 제시하는 데 성공하였다. 이 풍부성은 서로 상충되는 여러 의견으로 구성되어 각 의견들이 부분적으로 문제를 해결해 주면서 전체적으로는 조화를 이루고 있다. 또 이 풍부성은 아무리 탁월한 개인이라도 이 모든 요소를 최고로 발달시켜 획득할 수 없으며 따라서 개인의 완전한 도덕을 온전하게 달성할 수는 없다. 뒤르껭 개인을 볼 때는 칸트가 그러했던 것과 마찬가지로 누구보다도 의지의 인간이요 규율의 인간이었다. 뒤르껭의 견해에 의하면 개인에 대한 사회의 영향만을 일방적으로 억제하려는 사람이 있다. 그러나 뒤르껭 자신의 이론은 그 진면목에 있어서 무한 하리만큼 종합적인 것이며, 이처럼 종합적인 도덕철학은 아마 없을 것이다. 예를 들면 그는 인간의 동물적 본능을 억제하고 제지

하는 도덕적 힘이 사람에게 강한 매력을 풍기는 것도 설명하였으며 또 의무와 선이라는 두 개념이 도덕적 사실의 두 측면과 합치하고 있다는 것도 설명하였다. 그리고 그는 다음과 같이 덧붙여 설명하고 있다. 두 가지 종류로 분명히 구분되는 도덕적 활동이 의무와 선의 양극단을 지향하고 있다. 이 중 어느 것에 지향하더라도 참 도덕적 원인에 부적합한 것은 아니다. 그러나 이 중 어느 측면에 더 치중하느냐에 따라 도덕적 원인은 두 가지로 구분된다. 하나는 정서적 인간 또는 열성적 인간으로 이런 사람들은 어딘가에 자신을 몰두시키는 능력이 발달하였으며, 또 하나는 의지적 인간으로 보다 냉정하고 엄격하며, 이들은 규율에 대한 감각이 발달되어 있다. 행복주의와 쾌락주의도 도덕 생활에서 그 나름대로의 위치를 확보하고 있다. "쾌락주의자는 으레 있기 마련이다"라고 뒤르껭은 말한 적이 있다. 이와 같이 본질적으로 성질을 달리하여 서로 상충되는 요소들조차 도덕문화의 풍부성 속에 포함되어 있으며, 이러한 풍부성은 철학자들이 추상적 분석을 함으로써 오히려 빈약화 되어 가고 있다. 왜냐하면 일례로 철학자들의 추상적 분석은 의무 관념과 선의 관념을 연역적으로 파악하려고 하며, 자율 개념과 의무 개념을 타협시키려고 한다. 이와 같이 하여 대단히 복잡한 현실을 몇 개의 단순한 개념의 논리적 유희로 환원시키려는 것이 그들이 추상적 분석이다.

이 강좌의 제2부를 구성하고 있는 9개 강의는 교육학적 문제를 적절히 다루고 있다. 방금 도덕의 요소를 열거하고 정의하였는데, 우리는 이것들을 아동에게 개발시킬 책임이 있다. 아동의 본성은 도덕에 순응하게 되는가? 이 과정에서 교사는 어떤 자료와 방법을 쓰는가? 또 어떤 장애에 부딪치게 되는가? 다음과 같은 강의 제목만 살펴봐도 그의 사상의 흐름을 파악하기에 충분하다. 첫째로 규율과 아동심리학, 학교의 규율, 학교의 상벌체제(賞罰體制), 둘째로, 아동의 이타성(利他性)과 사회적 감수성의 형성에 미치는 학교환경의 영향, 마지막 자율정신 육성에 미치는 과학·문학·도덕·기타 심미적 문화와 같은 교과수업이 미치는 일반적 영향들이 그의 강의 제목이다.

자율성(自律性)은 규칙을 준수하려는 의지를 갖춘 태도이다. 왜냐하면 자율은 규칙이 합리적 기반을 갖추었다고 인식하기 때문이다. 자율성은 아동이 사회로부터 최초로 수용하게 되는 기성규칙을 시험하도록 지성을 자유롭게 체계적으로 적용할 것을 전제로 한다. 아동은 이 사회 안에서 성장하고 있으며, 사회로부터 기성규칙을 수동적으로 받아들이는 것이 아니라 점진적으로 사회에 새로운 생활을 부가시키는 것을 배우고 기성규칙의 퇴폐적 요소들을 정화(淨化)시키고 조화시키는 것을 배우게 된다. 이렇게 하여 아동이 앞으로 능동적일 일원으로서 활동하게 될 장래에 사회의 존재조건이 변화하더라도 아동은 자신을 적응시킬 수 있도록 될 수 있다. 자율성을 부여하는 것은 바로 과학이라고 뒤르껭은 말하고 있다. 과학만이 우리에게 사회적 현상의 물질적인 것이든 도덕적인 것이든 본질에 내재하는 것을 인식하는 방법을 가르쳐 주며, 불가피한 것이 무엇이고, 수정이나 변경 가능한 것은 무엇이며, 또 정상적인 것은 무엇인가를 가르쳐 준다. 또 물질적인 것이든 도덕적인 것이든 본질을 개선하려는 효과적 조치의 한계가 무엇인가도 가르쳐 줄 수 있다. 이러한 견지에서 볼 때 모든 교육은 도덕적 목표를 포함하고 있으며, 우주론까지도 그것을 포함하고 있다. 특히 역사와 사회학을 통한 인간 자신에 관한 수업에 도덕적 목표가 많이 포함되어 있다. 그리고 오늘날 완전한 도덕 '교육'이 도덕 '수업'을 필요로 하게 된 것도 이러한 이유에서이다. 뒤르껭은 교육과 수업을 명백히 구분하고 있다. 그는 수업은 교육이 성취되도록 봉사하는 것이라고 보았다. 뒤르껭에 따르면 교사는 아동에게 그들이 살아야 할 상황에 대해 가르치는 것이 필요불가결한 것이다. 방금 말한 상황은 가족·회사·국가·인간 등의 전체를 포함하는 문명화된 사회를 말한다. 이 문명화된 사회가 어떻게 형성되고 변화되었으며, 개인에게는 어떤 영향을 미치고 또 개인은 이들 속에서 어떤 역할을 해야 하는가를 아동에게 가르쳐 주어야 한다. 〈초등학교에 있어서의 도덕교육〉에 대한 그의 여러 강의(講義) 중에서 우리가 갖고 있는 것은 강의의 초안, 즉 강의계획서뿐이다. 이 강의 중 뒤르껭은 스스로 새로운 이름을 붙인 '법과 관습의 생리학'에 관해서도 적절히 해석만 한다면 아동의 지적 능력의 한계 안에서도 도덕을 가르칠 수 있는 방법을 교사들에게 제시하고 있다. 이것은 관습학(慣習學)의 대중화이며, 그는 이 관습학에 그의 저작과 강의의 대부분을 할애하였다.

IV

〈초등학교에 있어서의 지식교육〉은 그가 끝까지 집필한 과목이며, 도덕교육 강의와 유사한 것으로서 거의 똑같이 계획되어 있다. 뒤르껭은 이 강의안에 만족하지 못했다. 그는 이 제목으로 수긍할 만한 원리를 발견하기 어렵다는 것을 알았다. 이것은 우리 민주사회의 지적(知的) 이상이 도덕적 이상보다 덜 구체적으로 정의되어 있기 때문이다. 지적 이상에 대한 과학적 연구는 거의 없으며 따라서 새로운 과제이다.

지식교육에 관한 강의도 성질을 달리하는 2개 부분으로 되어 있다. 하나는 그 목적에 대한 연구이고 다른 하나는 사용되는 수단 방법에 관한 것이다. 목적에 관한 연구는 사회가 실현하려고 하는 지적 유형이 무엇인가를 사회학이 규명해 주기를 요구하며 수단의 문제는 논리학과 심리학의 공헌을 필요로 한다. 특정한 지적 유형을 교사가 아동에게 구현시키려고 할 때에 아동은 교사에게 어떤 자료와 수단을 제공하며 또 어떤 장애를 일으키는가를 논리학과 심리학은 밝혀 주어야 한다. 뒤르껭은 심리학적 강의에서 주의집중에 관한 문제를 순수하게 다루었으며, 이것은 그가 심리학에 몰두하였을 때 할 수 있었던 연구이다.

초등학교에서의 지적 교육의 목적을 명백히 하기 위해서 뒤르껭은 초등교육의 기원(起源)을 연구하고 초등교육의 본질과 역할이 어떻게 형성되었는가를 면밀히 조사하였다. 초등교육은 중등교육보다 뒤에 발달하였으며 어느 정도 중등교육과는 반대되는 입장에서 규정되었다. 뒤르껭은 두 사람의 주요 교육개혁자인 코메니우스와 페스탈로찌로부터 초등교육의 형성과정과 이념을 파악하려고 하였다. 이 두 사람은 하나의 교육제도가 어떻게 하면 박학(博學) 교육과 기초교육을 동시에 만족시키면서 교육을 실시할 수 있을까에 대한 문제를 고찰하였다. 즉 모든 사회적 현상의 개념을 많이 제시해 주고, 안정되고 균형된 정신을 형성하기 위한, 즉 현실의 기본요소를 하나도 빠짐없이 평가하면서 현실을 전체적으로 파악할 수 있도록 만드는 고찰이었다. 뿐만 아니라 이 고찰은 모든 아동에게 예외 없이 적용할 수 있는 것이며, 그들 중 대부분이 요점으로 만족하여 쉽게 동화될 수 있도록 하는 고찰이었다. 뒤르껭은 코메니우스오와 페스탈로찌의 연구업적을 비판적으로 해석함으로써 이상(理想)의 정의를 정교화하였다. 도덕문제에서와 마찬가지로 현대 프랑스인이 요구하는 지적 유형에 관해서도 개인이 갖추어야 하는 기본적 능력이 몇 가지가 있다. 뒤르껭은 이것을 범주(範疇)라고 불렀다. 범주는 정통개념(精通槪念), 중핵오성(中核悟性)이라고도 볼 수 있으며, 결국 논리적 사고의 도구요 뼈대이다. 그는 범주라는 용어로 사고의 가장 추상적인 형태·원인 또는 본체의 개념뿐만 아니라 현실에 대한 우리의 해석을 좌우하는 사상(思想)까지를 의미하고 있다. 후자는 내용면에서 더욱 풍부하며 그 예로써 우리의 물질세계관·인생관·인간관 등을 말한다. 우리는 이 범주들이 어떻게 인간정신에 본유적인 것으로 되었는지는 모른다. 그러나 이 범주들이 역사성을 갖고 있다는 것은 틀림없다. 그것들은 문명의 전개과정 중에 조금씩 형성된 것이며 물질과학 및 도덕과학의 발달과 함께 우리의 문명 속에서 형성되어진 것이다. 훌륭한 사람이란 자기의 사유작용을 통어하고 있는 주요개념들이 관련되는 기초학문과 조화시키고 있는 사람이다. 이러한 준비를 갖춘 사람이라면 그는 바로 우리가 생각하고 있는 바와 같은 진리의 영역에서 사유할 수 있을 것이다. 그러므로 예를 들어 문법이나 역사가 오성의 형성에 고도로 상호 협동적이라는 것을 알려 주기 위해서 기초과학이나 기초학문의 요소를 어린이에게 가르쳐 주어야 한다.

그리고 뒤르껭은 소위 '형식' 문화가 인간정신을 형성하기 위하여 필요한 것이지 인간정신을 채워서 메우기 위하여 필요한 것이 아니라는 점에서 대다수의 위대한 교육자들과 의견을 같이하고 있다. 학습이 특히 가치 있다고 하는 것은 반드시 학습의 유용성 때문만은 아니다. 이러한 교육개념은 공리적인 것에 지나지 않는다. 그러나 교육의 조형성(造形性)은 본래적인 것이며 몽테뉴나 인본주의자의 교육개념과는 명백히 반대된다. 실제로 아동의 입장에서 볼 때는 교사에 의한 실증적 지식의 전달이나 교과목의 학습의 지식형성의 실제조건인 것처럼 보일 것이다. 그리고 이러한 이유 때문에 오성(悟性)에 대한 사회학적 분석이 교육학적 중요성을 갖게 되는 것이다. 기억·주의집중·연상능력 등은 아동의 유전적 기질이며, 이러한 능력들은 그 적용되는 대상에 관계없이 개개인이 갖는 경험의 범위 내에서 발달한다. 이와는 반대로 문화에 의해서 세련되어진 지도적 사상은 집단적 사상으로서 아동에게 반드시 전수되어야 한다. 왜냐하면 아동 혼자로서는 이러한 지도적 사상을 어떻게 세련시켜야 할지 모르기 때문이다. 우리는 과학을 개개인의 독자적 경험을 통하여 재창조할 수는 없다. 왜냐하면 그것은 사회적인 것이지 개인적인 것이 아니기 때문이다. 따라서 우리는 과학을 배우는 것이다. 과학이 한 사람으로부터 타인에게 유전되지 않는다는 것은 명백한 사실이다. 과학을 통하여 과학적 기반 위에 단련되어야 할 것은 바로 용기(容器) 그 자체 즉 지성이다. 그러므로 지도적 사상이 형식이라 할지라도 그것을 텅 빈 채로 전달할 수는 없는 것이다. 콩트는 이미 과학 없이 논리를 배울 수 없고 과학의 이론 없이 과학의 방법을 배울 수 없으며 과학의 결과를 조금이라도 알지 않고서는 과학적 정신을 창조할 수 없다고 밝힌 적이 있다. 뒤르껨은 학습의 본래적 가치를 생각하지 않는다고 하더라도 사상에 대하여 학습하고 지식을 습득하는 것이 필요하다고 생각하였다. 왜냐하면 학습은 어차피 오성의 한 가지 형태이기 때문이다.

뒤르껨이 이러한 원리로부터 유도해 낸 모든 것을 인식하기 위하여서는 이 과정의 제2부를 상세히 살펴볼 필요가 있다. 여기서 그는 수업에 있어서 몇 가지 기본적 영역의 교수법을 연구하였다. 수학과 수 및 형태의 범주, 물리학과 실체의 개념, 지리학과 태양계 환경의 개념, 역사와 역사적 기간 및 발달의 개념 등을 연구하였다. 이런 식으로 열거하려면 수없이 많이 있다. 이것은 다만 예일 뿐이다. 또 다른 곳에서 뒤르껨은 언어를 통한 논리학의 교수법을 다루기도 하였다. 나아가 교수법에 관한 이러한 원리들의 제 결과에 대해 전문가들의 자세한 공동연구가 뒤

따라야 할 필요가 있다.

역사적 기간이란 개념을 예로 들어보자. 역사는 인간사회가 시간의 경과에 따라 전개되어온 모습이다. 이 시간은 개인이 직접적인 경험으로 알고 있는 기간을 훨씬 벗어나는 것이다. 따라서 이 역사적 기간에 대해 확실한 개념을 갖지 않으면 역사를 확실히 이해할 수 없게 된다. 역사를 잘 알고 있는 사람은 이 개념을 잘 알고 있는 사람이다. 그런데 아동은 혼자서 이 개념을 형성해 낼 수도 없으며 이 개념을 구성하고 있는 요소가 아동에게 감각이나 개인적 기억으로 제공될 수 있는 것도 아니다. 사실 이 문제는 역사 교육에서 달성시켜야 할 기능의 하나이다. 그러나 역사교육이, 말하자면 공개적으로는 이 기능을 수행한다고 하지 않으면서도 이 기능을 실제로 수행하고 있다. 교사들은 날짜의 공허성(空虛性)을 거의 인식하지 못하며 따라서 이 날짜에 의미를 부여할 체계적 작업의 필요성을 교사들이 거의 인식하지 못하고 있다는 것을 주목할 만한 일이다. 아동은 톨비악 전쟁이 서기 496년에 발생했다고 배운다. 그러나 아동이 어떻게 이 연대의 정확한 의미를 포착할 수 있을까? 더구나 아동에게는 과거라는 개념을 비록 그것이 가까운 과거라고 할지라도 파악하기 힘든 것이다. 따라서 이를 위해서는 다음과 같은 단계를 거치는 상당한 작업이 필요하다. 우선 세기(世紀)라는 개념을 알려주기 위해 3~4세대의 기간을 더한다. 다시 서력기원이란 개념을 알려 주기 위해서 그리스도의 탄생일이 시점으로 채택된 이유를 설명한다. 출발시점과 현대와의 사이에 위인이나 대사건과 같은 구체적 조회사항(照會事項)을 역사적 기간의 이정표로 삼을 수도 있다. 이와 같은 방법으로 해서 역사의 윤곽을 설정하고, 그 개요를 점진적으로 채워 넣을 수 있다. 이 때에 시대의 출발시점은 임의적이라는 점, 인류가 갖고 있는 시대와 다른 시대도 있으며 다른 역사도 있다는 사실, 이러한 시대는 인류의 연대기를 적용할 수 없는 기간의 일부라는 점, 그 처음의 때는 우리가 알 수 없다는 점 등을 알려주어야 한다. 역사수업 중에 이러한 원리를 가르치는 강의를 받았다고 기억하고 있는 사람은 극히 적다. 실제에 있어서 우리는 이러한 개념을 마지막에 가서 습득하게 된 것이다. 예외를 제외하고 보면 이러한 개념들이 우리에게 조직적으로 형성되어졌다고 보기는 어렵다. 사실, 역사수업의 중요한 결과 중의 어떤 것은 확실히 의식하지 않거나 혹은 의도하지 않고서도 성취된다. 그러나 이제는 초등교육이 보다 실효성 있게 되기 위해서는 아동이 즉시 요점을 파악할 수 있도록 교육이 간결하게 되어야 한다.

지금까지 수업에 있어서 논리성의 역할을 충분히 인식하여 온 것은 오직 문법과 문학수업뿐이었다고 말할 수 있다. 즉 문법이나 문학은 무엇인가를 만들려는 형성적 목적으로 가르쳐졌으며, 그것이 전달하는 학습내용은 오성의 구성요소로서 이용되었다. 어느 정도까지는 수학수업도 이와 같은 역할을 하였다. 그러나 수학수업의 경우에는 학습을 실시하게 한 교육의 근본적 기능을 종종 잊어버리고 학습 자체만이 평가되는 경향이 있다. 뒤르껭의 교수개념(教授概念)은 헤르바르트의 교수개념과 관계가 깊으면서도 또 거기에 새로운 형태를 부가시키고 있다. 교육학설사에서 뒤르껭의 교수개념의 위치를 살펴보면, 그의 개념은 형식주의와 그 반대주의 간의 갈등, 즉 지식과 문화간의 갈등을 해결하는 것으로 보인다. 프랑스의 초·중등교육은 한편으로 백과사전적 교육열이 대단히 크며 다른 한편으로 그것을 극복하기 위해 총력을 기울이며 그에 따른 위험성을 경고하고 있다. 이렇게 양분되어 있는 어려운 문제를 해결해 줄 수 있는 원리를 뒤르껭의 교육개념은 제공해 주고 있다. 그의 기본적 원리 하나하나에 어떤 철학이 잠재해 있다는 것을 암시해 주고 있다. 다시 말하면, 사물의 일반적 특성을 있는 그대로 잘 요약하면서도 사물의 해석에 관련된 기초개념의 체계를 잘 나타내 주고 있다.

아동에게 전수하여야 할 것은 바로 이와 같은 철학, 즉 수세대에 걸친 노력의 누적적 산물이다. 왜냐하면 이것이 바로 지성의 뼈대를 구성하고 있기 때문이다.

'철학적'이라는 말과 '기본적'이라는 말은 상호 배타적인 것이 아니다. 오히려 전혀 그 반대이다. 가장 기본적인 교육은 가장 철학적이어야 한다. 그러나 여기서 철학이라는 말이 추상적인 형태로 해석되어서는 안 된다는 것은 말할 필요도 없다. 여기서 말하는 철학은 가장 흔한 교수활동에서부터 발생해야만 하며, 영구적으로 공식화되는 일은 없어야 한다. 그러나 이렇게 되기 위해서는 먼저 철학이 교수활동을 고양(高揚)시키지 않으면 안 된다.

V

프랑스의 기초 지식 교육은 두 가지 종류로 나눠지는데 그 하나는 대중을 위한 초등교육이고 다른 하나는 엘리트를 위한 중등교육이다. 이중 특히 엘리트의 교육이 현대 프랑스를 아주 당황하게 하는 문제를 제기하고 있다. 거의 1세기 이상 프랑스의 중등교육은 위기를 겪어 왔으며, 그 결과는 아직도 불확실한 상태에 있다. 누구든지 과장하지 않고서도 중등교육이 사회문제라고 쉽게 지적할 수 있을 정도이다. 그런데 중등교육의 본질은 구체적으로 무엇이며 또 그 역할은 무엇인가? 중등교육 위기의 원인은 무엇이고 위기 원인의 구성요소는 무엇이며, 그것은 어떻게 해결될 수 있는 것인가? 뒤르껭이〈프랑스 중등교육의 발달과 그 역할〉이란 훌륭한 강좌에서 전심전력을 기울인 점이 바로 위와 같은 문제들을 다루는 것이었다. 이 강좌는 그가 여러 번 강의한 바 있으며, 완전한 강의안도 남기고 있다. 리아드(R. Liard)씨가 장차 중등교사가 될 사람들을 위한 교육학 강의를 마련하려고 처음 시도하였을 때, 그의 요청으로 뒤르껭은 이 강의를 맡게 되었다. 과학 분야이든 인문 분야이든 교사자격증을 필요로 하는 모든 지원자를 마련하였기 때문에 뒤르껭은 모든 교사에게 공동 과업의 정신을 고양시키는 것을 이 강의의 목적으로 생각하였다. 우리가 수업을 통하여 형성하려고 의도하는 인간상에 통일성이 필요한 것과 마찬가지로 학습장면에서도 통일성이 확립되어야 한다. 이러한 학습장면에서 여러 과목이 상호협조가 원활히 이루어지려면, 위의 공동과업의 정신은 필요불가결하게 중요한 것이다. 앞으로의 중등교사들은 교장의 지시를 일일이 받아가면서 유지해 오던 제도를 그 기능과 본질부터 체계적으로 깊이 생각해 볼 필요성을 언젠가는 스스로 느끼게 될 것이다. 그리고 그 때가 되면 뒤르껭의 강의는 이러한 작업을 위한 가장 확실한 지침이 될 것이다. 뒤르껭은 자신이 실시한 조사와 이용한 자료가 여러 가지 점에서 부적당하다고 생각하였다. 이 저작을 평가하기 전에 잊지 말아야 할 것이 있다. 그것은 그가 이 방대한 주제에 관하여 겨우 1~2년 동안의 작업밖에 하지 못하였다는 점이다. 그럼에도 불구하고 이 강좌는 교육에 대한 사회학적 방법을 적용한 무비(無比)의 모형이다. 또 이것은 뒤르껭이 학교제도의 체계에 대한 역사적 분석을 남겨 놓을 수 있었던 유일하게 완성된 작품이다.

프랑스의 중등교육의 현실을 알기 위해서 뒤르껭은 중등교육의 형성과정을 조사하였다. 이 분석의 출발점은 대학이 창설되었던 중세부터 시작하였다. 중등교육이 발생하여 고등교육으로부터 분화된 것은 종합대학 내에서였으며 인문대학에 설치된 교육대학에 점차적으로 도입됨으로써였다. 즉 이들 관계는 고등교육이 중등교육을 준비시킨 것으로 설명되었다. 중세에 있어서는 변증법적 수업이 일반적인 기초교과였다. 왜냐하면 변증법이 그 당시에는 보편적인 방법이었기 때문이다. 형식을 갖춘 수업, 특정과목에 부과된 보편문화 등 중등교육이 그의 전 역사를 통하여 유지하려고 했던 특성들을 이미 갖추었던 것이다. 그러나 중세 이후에야 중등교육의 골격은 형성되었다고 할지라도 교육이론은 16세기에 변동을 겪었다. 즉 논리학 대신에 그리스·로마의 고전으로 대치되었다. 이러한 변동은 르네상스에서 시발되었고, 프랑스에서는 특히 제수이트교단에 의해 인본주의가 크게 자극을 받았다. 제수이트교단은 휴머니즘에 그들의 목표를 두었다. 그리고 그들의 경쟁자인 오라토리 대학과 포르트로얄 대학이 제도를 완화하였지만, 고전적인 프랑스 정신의 요체는 제수이트교단이 이해했던 것처럼 인본주의(人本主義)이다. 유럽의 어떤 나라도 프랑스처럼 인본주의의 영향이 컸던 나라는 없다. 프랑스 국민의 주요 특성을 통하여 볼 때 프랑스 국민정신은 휴머니즘 속에 표현되어 있으며 동시에 휴머니즘에서 연유한 것이다. 그러나 특히 18세기부터는 다른 경향이 표명되기 시작했다. 즉 실학주의라는 교육이론이 인본주의를 신랄하게 공격하였다. 첫째로 인본주의는 학교제도에 직접적 영향을 미치지 못하는 이론만 생산하였다. 그리고 또 중앙집회학교와 같은 전혀 새로운 일시적인 학교제도를 만들었다. 그리고 19세기에는 어느 하나를 없애거나 타협점을 명백히 해 놓지도 않은 채 구제도와 신제도를 통합하였다. 우리가 아직도 피하려 하고 있는 것도 바로 이 신·구제도 갈등이다. 역사는 이러한 갈등을 이해하도록 도와줌으로써 우리에게 이 갈등을 해결할 수 있도록 도와주고 있다.

VI

일반적으로 교육학 강의에서 중요한 학설을 역사적으로 전개해 나가는 데 많은 시간을 할당하고 있다. 뒤르껭은 학설사(學說史) 연구의 가치를 인식하고 한 동안 이 연구에 전념하였었다. 그가 초등학교에서의 지적영역교육(知的領域教育)과 중등학교에서의 지적영역교육이란 두 강좌를 실시할 때에도 학설사가 중요한 내용을 차지하였다. 다른 어떤 사람보다도 특히 코메니우스(J. A. Comenius)의 이론이 그의 관심을 끌었다. 그는 르네상스 이후 프랑스의 주요 교육학설을 다룬 강의의 개요와 요점을 남겨 놓고 있다. 〈형이상학과 도덕성에 대한 평론〉을 통하여 루소(J. J. Rousseau)에 관한 자신의 강의 계획안을 발표하였다. 마지막으로 그는 페스탈로찌(Pestal-ozzi)와 헤르바르트(Herbart)에 관한 완전한 강의안을 만 1년에 걸쳐 완성하였다. 뒤르껭이 이러한 연구에 적용한 방법을 간단히 살펴보자.

첫째로 그는 교육학설사와 교육사를 엄격히 구분하였다. 이 둘은 종종 혼동되고 있으나, 양자 사이에는 정치제도사와 정치철학사를 분명히 구분시켜 주는 것과 같은 요소가 두 가지 개재되어 있다. 교육학자들이 학교제도의 발달사에 관해서 보다 충분히 알았으면 좋겠다고 생각하는 사람이 있을지라도, 루소나 몽테뉴를 배움으로써 그것을 알게 된다고 생각하지는 않는다.

그런데 뒤르껭의 특징은 이론을 사실로써 취급하고 있는 점이며, 이론을 연구하는 데 있어서 그가 추적하고자 한 것은 역사적으로 유명한 사람의 교육사상이었다. 대체로 이러한 연구는 연구자에 따라서 그 접근법이 아주 다르다. 예를 들면 가브리엘 꽁뻬이레(Gabriel Compayré)의 저서 『교육사편람』은 교사들에게 잘 알려져 있는 책이다. 이 책은 그 제목에도 불구하고 역사라고 부르기에는 부적당하다. 이 책이 약간의 공헌은 할 것이라는 점에는 의심의 여지가 없다. 그러나 이 책은 불행하게도 진부해진 철학사 책 같은 느낌을 불러일으킨다. 이 책에서는 라블레(Rabelais), 몽테뉴(Montaigne), 롤랭(Rollin), 루소(Rousseau) 같은 유명한 교육학자들이 오늘날 교육이론을 구축하려고 하는 이론가들의 협조자인 것처럼 취급되고 있다. 또 보편타당한 교육학적 진리가 있으며 그들은 이 진리의 근사치를 제시한 것 같이 취급되고 있다. 그들의 이론을 다룸에 있어서 밀의 껍질을 벗겨내듯이, 교사에게 유용한 교훈은 포함시키고, 독단과 오류는 제외시키려고 하였다. 이와 같이, 독단적 비판이 역사보다 우선적으로 취급되고 칭찬이나 비난이 사상의 해석보다 중시되었다. 지적 유산은 오히려 부수적이며 시시한 것으로 취급되었다. 과학적으로 구축되었다기보다는 오히려 각종 직관으로 혼동된 과거의 여러 이론을 하나하나 변증법적으로 살펴본다고 하여 확고하며 실제적으로 유효한 이론을 형성할 수 있는 것은 아니다. 일반적으로 이류급 이론가들의 우둔하고도 절충적이며 중도적(中道的)이고 적당주의적인 이론이 일류급 학자들의 이론보다도 비판에 더 잘 견디어 낸다. 롤랭 같은 사람의 지혜는 루소 같은 사람의 황당무계한 생각과 아주 대조적이다. 만약 교육학이 과학이라고 한다면, 교육학설사는 기이한 특징으로 점철될 것이다. 즉 천재들은 교육학을 오류로 인도하였고 범인(凡人)들은 교육학을 진리로 인도했을 것이라는 기이한 특징으로 교육학설사가 점철되어질 것이다.

뒤르껭은 어떤 이론에 포함된 진리의 제요소를 추출해 내는 것은 비판적 토론을 통하여 가능하다고 믿었음에 틀림없다. 『데카르트의 체계』라는 하멜리온(Hamelion)의 생전에 남긴 책의 서문에서 뒤르껭은 역사적이면서도 동시에 비평적인 해석법을 공식화하여 제시하였다. 그 후 그는 이 방법을 페스탈로찌와 헤르바르트를 연구할 때 스스로 적용해 본 바가 있다. 그는 이 두 위대한 혁신가들의 정열적이고 풍요한 사상을 좋아했으며, 그들 사상의 유효성을 충분히 인식하였을 뿐만 아니라, 뒤르껭이 스스로 발견했다고 믿었던 최초의 통찰(洞察)까지도 그들의 사상에서 도움을 받은 것이 아닌가 라고 자문하기까지 이르렀다. 그러나 그들의 이론의 가치가 어떠하든 간에 보다 중요한 것은 뒤르껭의 주장이다. 그는 이론은 교육체계를 촉진하거나 그것을 수정시키는 제 사회세력을 방영한다고 주장하였다. 교육학설사는 교육사가 아니다. 왜냐하면 이론가들은 실제의 사건을 정확히 기술하지도 않고 앞으로 무엇이 발생할 것인가에 대해서도 정확히 예언하지 않기 때문이다. 그러나 사상도 하나의 사실이며, 광범하게 공유(共有)되고 있는 사상은 사회적 사실인 것이다. 『에밀』이 경이적으로 성공을 거두게 된 것은 루소의 천재성 이상의 다른 이유가 있다. 즉 『에밀』은 혼돈스러우나 활기에 차 있던 18세기 유럽 사회의 경향을 잘 나타내 주었다는 것이다.

제수이트교단의 교육이상, 즉 대학의 교육이상을 반영하였던 쥬방시(Jouvency)나 롤랭(Rollin) 같은 보수적인 교육자도 있었다. 그러나 무엇보다도 위기시대에 많이 나타나는 위대한 이론을 살펴보게 되면 으레 혁명적인 교육자들이 있게 마련이다. 그들은 사람이 이해해야 할 기본적인 사항이지만 직접적으로는 거의 이해하기 불가능한 집합적 현상을 해석해 주고 있다. 이 집합적 현상에는 교육과 정상의 열망과 이상, 이미 붕괴해 버린 제도에 대한 반항들이 포함된다. 예를 들면 뒤르껭은 이와 같은 견지에서 르네상스 시대의 교육 사상을 연구함으로써 이전의 어떤 연구자보다도 명백하게 르네상스를 주도해 온 두 가지 사조를 밝혔다. 하나는 라블레(Rabelais)의 저작 속에 흐르는 사상이고 다른 하나는 이것과 중복이 있으면서도 상당히 다른 에라스무스의 저작 속에 흐르는 사상이다.

아주 개괄적이긴 하지만 이상으로 뒤르껭의 교육학 저작을 대충 살펴보았다. 이상의 간단한 설명으로도 그의 교육사상의 범위와 교육사상이 그의 사회사상과 갖는 밀접한 관계를 파악하기에는 충분하다. 뒤르껭의 저작은 교육자에게 교육의 핵심문제에 관해서 독창적이고 힘찬 이론을 제공해 줄 것이다. 그는 사회학자이기 때문에 다른 저서에서 개설(槪說)한 바 있는 개념들, 즉 개인과 사회와의 관계, 이론과 실제와의 관계, 도덕성의 본질과 이성의 본질과의 관계 등을 교육학 저서에서도 본질적인 관점에서 요점적으로 명백히 하고 있다. 그의 교육학 관계 저작이 출판되어지기를 요청하는 교육자와 사회학자가 많음으로, 그의 주요 강좌를 출판하려는 노력이 곧 경주될 것이다.

지금 출판하는 이 작은 책은 이러한 그의 저작에 대한 입문서로서의 역할을 해 줄 것이다. 이 책에서는 뒤르껭 자신이 발표하였던 원고만을 전재한 것이다. 제1장과 제2장은 뷔송(F. Buisson)이 감수 출판한 『초등교육학사전』에 수록된 〈교육과 교육학〉이라는 논문을 수록한 것이고, 제3장은 뒤르껭이 소르본 대학교육학과 과장으로 취임할 때

강연한 취임사로서 「형이상학과 도덕성 평론」지에 실렸던 것이다. 마지막 장은 중등교사 지망자를 위한 강좌에서 행한 개강 강의로서 「정치·문학 평론」지에 실렸던 내용이다.

어떤 부분은 중복도 되어 있다. 처음 두 개의 장에서는 제3장으로부터 원문이 전재된 부분까지 있다. 그러나 우리는 이것을 편집하는 것보다 그대로 중복시켜 두는 것이 편리하다고 생각하여 그대로 두었다.

제1장

교육의 본질과 역할

교육의 본질과 역할

1. 교육의 정의에 대한 비판적 고찰

'교육'이란 용어는 대단히 광범한 의미를 내포하는 말로서, 때로는 자연 혹은 타인이 우리의 지식의 힘이 의지력(意志力)에 미치는 모든 작용의 총체를 의미하는 것으로 사용되어 왔다. 밀(John Stuart Mill)에 의하면 교육은 '우리 자신의 모든 행동과 타인이 우리의 본성을 보다 완전하게 만들 목적으로 취하는 모든 행동을 포함한다. 가장 넓은 의미로 사용될 때는 교육과 전혀 무관하고 전혀 다른 목적을 가진 일로 인하여 발생하는, 인격과 능력에 대한 간접적 영향까지도 포함한다. 예를 들면 법의 영향, 통치구조(統治構造)의 영향, 산업예술의 영향, 나아가서는 인간의 지력이 미치지 못하는 물리적 자연현상, 즉 기후·토양조건·지방색 등의 영향까지도 포함하는 의미로 쓰인다.' 그러나 이러한 정의는 전혀 속성을 달리하는 여러 요인들을 많이 포함하고 있기 때문에 하나의 주제로서 이해하기에는 너무나 혼돈스럽다. 이와 같은 제반 사태가 인간에게 미치는 영향은, 인간이 인간에게 끼치는 영향과는 그 과정이나 효과의 면에서 다르며, 또래 집단이 다른 또래 집단에게 미치는 영향은 성인이 청소년에게 미치는 영향과는 다르다. 우리의 관심을 끄는 것은 오직 후자일 뿐이며, 따라서 후자의 의미에서만 '교육'이란 용어를 사용하는 것이 편리하다.

그러면 이러한 영향의 본질은 구체적으로 무엇인가? 이 질문에 대해 수많은 해답이 제시되었으나, 크게 두 가지로 나누어 볼 수 있다.

칸트에 의하면 '교육의 목적은 개인의 능력을 가능한 한 완전하게 개발하는 것'이다. 그런데 여기서 완전(完全)이란 무슨 뜻인가? 그것은 보통 말하는 바와 같이 인간의 모든 능력을 조화롭게 계발(啓發)하는 것을 뜻한다. 인간에 내재하고 있는 모든 능력을 최대 최고로 성취시키고, 능력들 상호간에 모순됨이 없으면서 가능한 완전하게 실현하는 것, 이것 외에 또 다른 이상이 있을 수 있을까?

그러나 이와 같이 조화로운 계발이 아무리 필요하고 바람직하다 할지라도, 이것을 모두 성취할 수 있는 것은 아니다. 왜냐하면 인간행동에는 또 다른 규율이 있는데 이것도 조화로운 계발에 못지않게 중요하며, 이 양자는 서로 모순되기 때문이다. 여기서 다른 규율이란 인간을 구체적이고 한정된 과업에 집중하도록 하는 힘을 말한다. 인간은 모두가 동일한 종류의 생활을 영위해 나갈 수 없으며 또 그렇게 되어서도 안 된다. 인간은 각자의 적성(適性)과 능력에 따라 마땅히 수행해야 할 기능이 있으며, 또한 그것에 적응해야만 한다. 모두가 사색적인 인간으로 창조된 것은 아니며, 정표적(情表的) 활동을 하는 사람도 필요하고 행동지향적 인간도 필요하다. 거꾸로 사색을 직업으로 삼는 사람 또한 필요하다. 사고(思考)가 발달하려면 직접적 행동으로부터 격리되고, 오직 사고 자체에만 전력을 기울이고, 그 목적을 외적 행동과 관련시키지 말아야 한다. 이러한 필요 때문에 최초의 균형은 깨어지고 일차적인 분화현상(分化現象)이 나타나게 된다. 그리고 사고와 마찬가지로 행동도 여러 가지의 다양하고 구체적인 형태로 발달할 수 있다. 이렇게 분화·발달한다고 해서 공통적 기반을 완전히 상실하는 것은 아니며, 사회적 결속뿐만 아니라 개인의 건강에까지 위협을 주게 될지 모르는 정신적 기능과 육체적 기능간의 불균형을 초래하지는 않음을 의심할 여지가 없다. 따라서 우리는 행동과 교육의 최종목표로서 완전한 조화를 제시할 수는 없다고 본다.

교육에 대한 공리주의적(功利主義的) 정의도 별로 만족할 만한 것이 못된다. 이에 의하면 교육의 목적은 '개인을 자신과 이웃의 행복을 찾는 도구로 만드는 일'이다. 그런데 행복은 본질적으로 주관적인 것이며, 각자마다 자기 고유의 방법으로 평가하는 것이기 때문에 만족할 만한 교육의 정의가 못된다. 이처럼 교육이나 교육의 목적이 개인적 환상(幻想)에 달려 있는 것으로 보기 때문에 공리주의적 정의는 교육의 목적을 한정시키지 못하고 있다. 한편 스펜서는 행복을 객관적으로 정의하려고 했다. 그는 행복의 조건을 곧 인생의 조건으로 보았다. 완전한 행복은 곧 완전한 인생이었다. 그런데 여기서 인생은 무엇을 의미하는 것인가? 만약 인생이 육체적 존재의 문제라면, 다음과 같이 말해도 괜찮을 것이다. 즉 육체 없는 인생은 존재할 수 없을 것이며, 결국 인생은 유기체와 환경과의 균형을 뜻하게 될 것이며 이 둘 사이의 관계는 정의할 수 있는 것이므로 인생은 유기체와 환경과의 관계를 의미하게 된다. 그러나 이렇게 해 가지고는 목전의 긴박한 필요밖에 표현하지 못한다. 인간 특히 현대인간에게는 이러한 생활이 결코 생활다운 생활의 가치를 주지 못한다. 우리는 유기체의 정상적 기능 이상의 생활을 요구하고 있다. 문화인이라면 지성의 쾌락을 포기하느니보다 차라리 생명을 포기할 것이다. 물질적 측면에 한정해서 생각해보더라도 필수불가결한 것 이상의 것을 모두 정확하게 결정할 수 있는 것은 아니다. 영국인이 말하는 소위 '표준생활', 즉 이 이하로까지 하향할 수 없다고 생각되는 최저생활기준도 조건이나 환경, 시대에 따라 끊임없이 무한히 변하는 것이다. 어제는 충분한 것으로 생각되던 것이 오늘은 인간의 존엄성을 해치는 것처럼 보일 수도 있다. 모든 사태는 우리의 요구가 점점 증대해 가고 있다는 것을 믿도록 도와주고 있다.

교육을 위와 같이 정의함으로써 당면하게 되는 비판을 전반적으로 살펴보자. 위의 정의들은 모두 이상적이고 완전한 교육이 실재(實在)하는 것으로 가정하고, 그것을 모든 사람에게 동등하게 적용하려 한다. 이론가들이 정의하려 한 것이 바로 이러한 보편 유일한 교육이었다. 그러나 우선 역사적으로 살펴볼 때, 이 가설을 증명해 주는 사실은 하나도 없다. 역사상 교육은 시대와 지역에 따라서 끊임없이 변하여 왔다. 그리스나 로마의 도시국가에서는 교육은 개인을 집단에 맹목적(盲目的)으로 복종할 수 있도록 훈련시켜서 사회의 피조물이 되도록 만드는 것이었다. 그러나 오늘날의 교육은 개인을 자율적 인간으로 육성하려고 노력하고 있다. 또 아테네 교육은 지적(知的)이고, 섬세하고, 절도 있고, 조화로우며, 심미안을 갖추고 명상을 즐길 줄 아는 교양인을 양성하려 했으나, 로마의 교육은 문자나 예술은 차치하고 무엇보다 전쟁의 승리를 위해 희생할 수 있는 활동적인 사람을 양성하려 했다. 또 중세기의 교육은 보다 기독교적으로 되었고, 르네상스 시대에는 보다 대중적이고 문학적 성격을 띠게 되었으며, 오늘날은 교육에서 과거에 문학과 예술이 점유했던 지위를 과학이 대체(代替)하고 있는 경향이 있다. 이러한 사실에도 불구하고 과거에는 현실과 이상이 일치하지 않았었다 라든지, 교육이 변한 것은 교육이 갖추어야 할 당위성을 인간이 오해했었기 때문이라고 말할 수 있을까? 만약 로마의 교육이 오늘날처럼 개인주의적인 것이었다면 로마는 도시 자체마저도 유지시키지 못하였을 것이며, 라틴 문화는 오늘날의 현대문화로까지 발달하지 못하였을 것이다. 중세 기독교 사회가 오늘날처럼 탐구의 자유를 부여했다면 중세사회는 존속하지 못하였을 것이다. 과거의 교육에는 등한시할 수 없는 불가피한 필요성이 개재되어 있는 것이다. 그 교육을 실시하면 그 사회를 치명적으로 되게 하는 그런 교육을 가상해 봐야 무슨 소용이 있겠는가?

앞서 말한 가정은 대단히 의심스러운 동시에, 본질적으로보다 일반적인 오류에도 그 근거를 두고 있다. 만약 시대적·지역적 조건을 제거하고서 이상적 교육이 어떤 것이어야 하는가? 라고 묻는다면, 그것은 교육의 체계에는 본질적으로 현실성이 없다는 것을 암암리에 인정하는 것이 된다. 교육에 관한 관례와 제도도 여타의 사회제도와 마찬가지의 제도이며, 또 그것을 반영하고 있으며, 따라서 교육제도를 변화시키는 것은 사회 구조를 변화시키는 것만큼 어려운 일이다. 그럼에도 불구하고 사람들은 교육을 생각할 때, 오랜 세월을 경과하여 점진적으로 형성된 관례와 제도를 간과(看過)해 버리는 경향이 있다. 그러나 이런 사고방식은 순수한 실험적 개념체계인 것 같다. 이런 사고방식 하에서는 교육체제가 논리적 구성개념으로 생각된다. 각 시대마다 확고한 목적을 실현하기 위하여 계획적으로 교육체계를 인간이 조직하였다고 생각하는 사람이 있다. 그들은 만약 이 조직이 지역성을 초월하여 모든 지역에서 동일하지 않다면, 그것은 추구하는 목적이나 혹은 수단에서 오류를 범했기 때문이라고 생각한다. 이러한 관점에서 본다면 과거의 교육체계는 전체적으로 보든 부분적으로 보든 수많은 결함을 갖고 있는 것으로 보인다. 따라서 과거의 제도에는 조금도 관심을 기울일 필요가 없게 된다. 우리는 선조들의 엉터리 관찰이나 오류와는 관련을 맺어서는 안 된다. 선조들이 고안해 낸 해결방책을 참고하지 않고서도 우리는 문제를 제기할 수 있고 또 제기해야 한다. 다시 말하면 과거일은 무엇이든 모두 제쳐놓고, 지금 무엇이 존재해야만 하는가를 스스로 질문하기만 하면 된다. 다만 역사의 교훈은 과거의 전철을 밟지 않도록 도와줄 수 있을 뿐이다.

그러나 실제에 있어서, 각 발달 단계마다 개인으로서는 거역할 수 없는 영향력을 행사하는 교육체계를 사회는 갖고 있다. 우리의 자녀들은 우리가 원하는 대로 마음대로 기를 수 있다고 생각하는 것은 근거 없는 생각이다. 우리가 동조하지 않을 수 없는 관습이 있게 마련이다. 우리가 이 관습을 대수롭지 않게 여기면 우리의 자녀들이 복수를

당하게 된다. 자녀들은 성인이 되었을 때 자기들이 조화롭게 지내지 못하였던 동료들과 함께 살지 못할 것이다. 아동이 옛날식 생각이나 시기상조의 생각 중 어느 것에 따라 양육되느냐는 별 문제가 되지 않는다. 어느 경우가 되던 간에 그 생각은 아동들의 시대의 생각은 아니며 따라서 전형적 생활조건과 관계가 없다. 그런데 각 시대마다 지배적인 교육형태가 있어서 여기서 이탈하게 되면 반드시 부동의(不同意)의 환상을 금지시키는 강렬한 저항에 직면하게 된다.

그런데 교육형태를 결정하는 관습과 사상을 창조한 것은 개체로서의 우리가 아니다. 이 관습과 사상은 공동생활의 산물이며, 또한 공동생활의 제반 요구를 반영하고 있다. 더욱이 그것은 대부분 선행세대의 노력의 결정체이다. 전인류의 과거 전체가 오늘의 교육을 지도하고 있는 모든 금언을 축적하는 데 공헌하였다. 이 금언 속에 인류의 전역사의 흔적이 남겨져 있으며, 우리 바로 앞의 선조들의 역사도 그 흔적을 남겨 놓고 있다. 이와 같이 고등유기체인 인간은 생물학적 진화의 최종산물로서 이 진화과정을 스스로 반영하고 있는 것이다. 교육체계의 형성과 발달에 대하여 역사적으로 연구함으로써 교육이 종교·

정당·정치기구·과학의 발달수준, 산업발달의 정도 등에 의존해 왔다는 것을 알 수 있다. 만약 교육체제를 이와 같은 제반 역사적 원인과 분리하여 생각한다면, 교육체제를 이해할 수 없을 것이다. 그렇다면 어떻게 개인이 독자의 사색으로 개인사색의 산물이 아닌 것을 재구성할 수 있겠는가? 개인은 그가 원하는 대로 무엇이나 쓸 수 있는 백지(白紙)에 직면하는 것이 아니라, 그가 임의로 창조하지도 못하고 파괴도 변형도 하지 못하는 현실 존재에 직면하는 것이다. 개인은 다만 그가 현실존재와 그 본질 및 그것이 의존하는 제반조건을 배워 이해하고 알게 되는 범위 내에서만 현실존재에 작용할 수 있을 뿐이다. 그리고 물리학자가 무생물을, 생물학자가 생물을 관찰하듯이 개인이 현실을 연구하고 면밀히 관찰할 때에만 개인은 현실존재가 무엇인지를 이해할 수 있다.

그밖에 다른 어떤 방법으로 교육연구를 착수할 수 있을까? 교육이 어떤 것이어야만 하는가를 변증법적 방법에만 의존해서 결정하려면, 교육의 목적이 무엇인가부터 알아봐야 할 필요가 있다. 그러나 교육의 목적이 이것이 아니라 저것이라고 판단하는 기준은 무엇인가? 우리는 생물의 호흡작용이나 혈액순환의 기능을 선험적으로 알지는 못한다. 교육의 기능을 잘 파악할 수 있는 타당한 근거는 무엇인가? 어느 증거로 보나 교육의 목적은 아동을 훈련하는 것이라고 대답할 수 있다. 그러나 이 정의는 문제를 약간 다른 용어로서 다시 야기할 뿐이지 이것으로 문제가 해결되는 것은 아니다. 훈련의 구성내용, 훈련이 지향하는 방향, 훈련이 충족시켜 줄 수 있는 인간의 욕구 등을 설명해야 한다. 이런 질문에 대해 해답을 얻기 위해서는 과거의 교육이 어떤 내용으로 구성되었고, 어떤 인간의 욕구를 만족시켜 주었는가를 고찰해야 한다. 그러므로 교육의 개념을 예비적으로 정립하기 위해서도 역사적 고찰이 필요불가결하다.

2. 교육의 정의

그러므로 교육을 정의(定義)하려면 그 전에 고금의 교육체계를 샅샅이 고찰하여 그 중에 공통되는 특징을 찾아내지 않으면 안 된다. 우리가 모색하고 있는 교육의 정의는 이러한 특징들로서 규정될 것이다. 앞에서 우리는 이미 두 가지 요소를 발견하였다. 교육이 성립되려면 우선 성인세대와 청소년세대 간의 상호작용이 있어야 하며, 또 청소년에 대하여 성인이 영향을 끼쳐야 한다. 우리의 과제는 바로 이 영향의 본질이 무엇인가를 탐구하는 것이다.

어느 사회에서나 교육체계는 이 두 측면을 반드시 갖고 있다. 말하자면 교육체계는 하나이지만 여러 측면을 갖고 있다.

교육체계는 다면적인 것이다. 한 사회 내에서조차도, 어떤 의미에서는, 환경이 달라짐에 따라 다른 환경의 수만큼 많은 종류의 교육이 있다고 말할 수 있다. 사회의 계급제도는 어떠한가? 계급의 종류에 따라 교육도 달라진다. 귀족의 교육은 평민의 교육과 달랐으며, 브라만(Brahman)의 교육은 수드라(Sudra)의 교육과 달랐다. 마찬가지로 귀족 자녀들이 배우는 기사도 문화와 농노들이 교구학교에서 겉핥기식으로 수학·음악·문법을 배우는 농노문화(農奴文化)와는 대단히 다르지 않았는가! 오늘날에서 조차 사회 계층이나 지역에 따라 교육이 달라진다는 사실을 목격하고 있지 않은가? 도시의 교육은 농촌의 교육과 다르며, 중산층의 교육은 노동계층의 교육과 다르다. 이와 같은 교육조직이 도덕적으로 정당화될 수 없으며 사라져야 할 운명에 처해 있는 잔재에 불과하다고 감히 말할 사람이 있겠

는가? 이 질문에 대한 변호는 어렵지 않다. 아동이 우연히
태어나게 된 지역에 따라 교육이 결정되어도 안 되며, 부
모의 계층에 따라서 교육이 결정되어서도 안 된다는 것은
당연하다. 그러나 우리가 현재의 도덕적 양심으로 이 점
에 대해서 기대하는 만족을 얻는다고 할지라도 교육이 동
질성을 더 많이 띠게 되지는 않을 것이다. 아동의 일생이
대부분 유전에 의해서 미리 결정되지 않는다고 할지라도,
직업의 분화가 교육의 다양성을 초래하고 말 것이다. 실
제로 각종 직업은 저마다 특유의 능력과 특성의 이론적 실
제적 관점을 갖는 전문지식을 요구하는 고유의 환경을 형
성하고 있다. 그리고 아동이 소명 받은 기능을 수행할 수
있도록 그에게 준비시켜야 할 의무가 있기 때문에, 아동이
일정한 연령 이상이 되면 교육은 모든 아동에게 동등하게
시킬 수 없게 된다. 이러한 이유 때문에 우리는 모든 문명
국가에서 교육이 점점 더 다양화하고 전문화되어 간다고
보는 것이다. 그리고 이러한 분화는 하루하루 더 심화되
어 가고 있다. 이와 같이 하여 발생되는 이질성은 우리가
방금 논한 것과 같이 부당(不當)한 불평등을 기초로 한 것
이 아니라, 평등에 기반을 둔 것이다. 절대적으로 동질적
이고 평등한 교육을 발견하려면 사회구조가 전혀 분화되

지 않았던 선사시대 사회로 되돌아가지 않으면 안 될 것이다. 그러나 이러한 선사시대와 같은 사회는 인류사 전개 과정에서 설정된 하나의 논리적 단계에 지나지 않는 것이다.

그러나 전문교육(專門敎育)의 중요성을 어떤 근거에서 주장하든, 그것이 교육의 전부인 것은 아니다. 전문교육만으로 충분하지 않다는 것도 언급해 둘 필요가 있다. 어느 사회에서나 전문교육이 분화된 근거로서 작용하지 않은 또 하나의 특정한 관점이 있으며, 전문교육은 이 관점 이외의 관점에서만 서로 다른 것으로 보인다. 다시 말하면 전문교육도 모두 공통의 기반을 갖고 있는 것이다. 아동이 소속하여 있는 사회적 계층이 무엇이든 모든 아동에게 일률적이고 반복적으로 가르쳐야 할 사상과 정서와 관습이 많이 있다는 것을 부정하는 사람은 아무도 없을 것이다. 폐쇄적 계급사회에서 일지라도 모든 사람에게 공통되는 종교가 있는 것이 보통이며, 따라서 종교문화의 원리는 기본적인 것으로 모든 국민에게 동일하게 적용되는 것이다. 만약 각 계급마다 각 가정마다 자기 고유의 신(神)을 가진다 할지라도, 모든 사람에게 인식되고 모든 아동이 존경하도록 배워야 할 보편적인 신이 있게 마련이다. 이 일반적인 신은 특정감정과 세계관과 인생관을 상징화하고 인격화하고 있기 때문에, 종교의식을 치르게 되면 누구나 순수한 종교생활의 범주를 넘어서는 각종 사고유형을 동시에 습득할 수밖에 없다. 유사한 예로 중세기 사람들은 노예이든 농노이든 평민이든 귀족이든 모두 똑같이 기독교적 교육을 받았던 것이다. 지적으로나 도덕적으로나 이렇게 다양하게 대조적으로 분리된 사회에서조차 이러할진대, 하물며 계층이 있기는 하나 그 차이가 심하지 않은 발달한 사회에서는 교육의 공통요인을 찾아낼 수 있는 근거가 훨씬 많을 것이 아닌가! 교육의 공통요소들이 종교적 상징의 형태로서 표현되지 않는 사회라 하여 공통요소가 사라지는 것은 아니다. 역사의 전개과정 중에서 인간성과 개인차의 중요성, 권리와 의무·사회·개인·진보·과학·예술 등에 대한 사상체계가 형성되어 왔으며, 바로 이러한 것들이 국민정신(國民精神)의 기초가 되고 있는 것이다. 부유한 자의 것이든 가난한 자의 것이든, 전문직업교육이든 산업기술교육이든 모든 교육은 교육의 목적으로 위와 같은 공통요소를 아동에게 심어 주지 않으면 안 된다.

이러한 사실에서 볼 때 모든 사회는 그 나름대로의 이상적 인간상과 인간의 의무를 지·덕·체의 세 측면에서 설정하고 있다고 할 수 있다. 이러한 이상은 어느 정도까지는 모든 국민에게 공통적인 것이며, 또 어느 관점을 넘어서서는 각 사회의 구조적 환경에 따라서 분화되게 된다. 하나이면서도 다양한 것인 이러한 이상이 바로 교육의 핵심이다. 그러므로 교육의 기능은 ① 사회가 그 구성원에게 필수적으로 요구하는 신체적·정신적 제 기능이 결핍되지 않도록 육성계발하고, ② 특정사회집단(계층·계급·가족·직업 등)에 있어서 그 구성원에게 공통적이라고 판단되는 육체적·정신적 제 기능을 계발(啓發)하는 것이다. 그러므로 교육이 실현하여야 할 이상을 결정하는 집단은 전체로서의 사회와 특정의 사회집단 두 가지가 있다. 사회가 존속하려면 그 구성원들 사이에 동질성이 충분히 유지되어야만 한다. 교육은 아동에게 어릴 때부터 집단생활에 필요한 기본적인 동질성을 형성시킴으로써 사회의 동질성을 영구 강화시키고 있다. 그러나 다른 한편에서는 어느 정도의 다양성이 없다면 협동이란 불가능할 것이다. 교육은 그 자체가 다양화되고 분화됨으로써 사회의 다양성을 계속 유지시켜 나간다. 만약 사회가 발달하여 과거의 계급제도가 없어지게 된다면 교육은 그 새로운 사회의 기반 위에서 사회적인 힘에 의해서 보다 더 공통적인 요소를 많이 띠게 될 것이다. 또 동시에 만약 노동의 분화가 심해지면 사상과 감정의 기반 위에서 교육은 아동의 직업적 적성을 보다 다양하게 계발하려고 할 것이다. 만약 주변 사회와 전쟁상태에 있는 사회라면 그 사회는 민족적 교육을 강력히 실시할 것이다. 만약 국제관계가 보다 평화롭게 된다면 교육은 보다 일반적·보편적이고 보다 인간위주로 될 것이다. 그러므로 교육은 사회가 아동을 통하여 사회자체의 기본조건을 준비하기 위한 수단인 것이다. 우리는 개인이 어떻게 사회의 이러한 요구에 복종하게 되는지를 나중에 구명할 것이다.

이상의 논의로 다음과 같은 결론을 얻을 수 있다. 교육은 아직 사회생활에 준비를 갖추지 못한 어린 세대들에 대한 성인 세대들의 영향력 행사이다. 그 목적은 전체 사회로서의 정치사회와 그가 종사해야 할 특수 환경의 양편에서 요구하는 지적·도덕적·신체적 제 특성을 아동에게 육성·계발하는 데 있다.

3. 교육의 사회적 성격

앞의 정의에 따르면, 교육은 어린 세대를 사회화하는 제 방법으로서 구성된다. 추상적 개념으로서만 구별이 가능하지만 인간은 분명히 두 가지 종류의 존재를 갖고 있다. 그 하나는 개인과 사적 생활사(生活事)에만 적용되는 정신적 요소로 구성된 것이다. 이것을 개인적 존재라고 불러도 좋을 것이다. 다른 하나는 개인의 개성을 표현하는 것이 아니라 개인이 그 일부로서 구성되어 있는 제집단의 현상을 표현하고 있는 사상과 감정, 관습의 체계이다. 이것은 종교적 신념, 도덕적 신념, 습관, 국민전통, 직업전통 기타 모든 종류의 집단적 견해를 말한다. 이들의 총체가 사회적 존재를 형성한다. 개인에게 이 사회적 존재를 형성하는 것이 교육의 목적이다.

바로 이러한 측면에서 교육은 그 역할의 중요성과 교육적 영향의 실효성(實效性)의 중요성을 가장 잘 부각시키고 있다. 사실 이 사회적 존재는 인간 본래의 소질에 충분히 형성되어진 것이 아니며 자연적 발달로 형성되어 지는 것도 아니다. 동시에 인간이 정치적 권위에 따르는 복종심을 갖고 태어나는 것도 아니며, 도덕적 원리를 존경하는

태도나 자기 희생정신, 헌신하는 정신도 본래적으로 타고
나는 것이 아니다. 신(神)의 권위나 사회의 상징수단에 복
종하고 그것을 숭배하고 그 영광을 위해서 자신을 희생해
야 하는 필연적인 기질, 경향성(傾向性)을 유전성 속에서는
찾아볼 수 없다. 사회는 인간이 직면하여 무력감을 느끼
게 되는 거대한 도덕적 힘을 자체 내에서 창출해 낸다. 유
전성에서 기인할 수도 있는 모호하고 불특정한 경향성을
도외시하고 생각하더라도, 사회생활에 막 참여하려는 아
동은 자기의 본성을 개인적 존재로서 사회에 표시하며 참
여한다. 사회는 새로운 세대를 받아들일 때마다 사회가
새로이 그려야 하는 백지나 그와 유사한 것에 직면하게 된
다. 이기적이고 비사회적인 존재인 신생아에겐 가능한 한
빨리 새로운 도덕적 사회생활을 영위해 나갈 수 있도록 해
주어야 한다. 이러한 활동이 교육의 과업이며, 그 중요성
에 대해서는 이미 살펴봤다. 교육의 과업은 다만 개현(開
現)시키기만 하면 되는 숨은 잠재적 능력을 계발하거나,
인간 개체를 유기체적 본성이 지시하는 방향으로 계발하
는 것으로 그치는 것이 아니다. 교육은 새로운 존재를 창
조하여 인간에게 부여해 준다.

이러한 창조적 속성은 인간교육만이 갖는 특성이다. 동

물이 그 어미에게 예속되어 점진적 훈련을 받는 것을 교육이라고 부르는 사람이 있다 하더라도 그것은 교육이 아닌 다른 것이다. 그것이 동물 속에 잠자고 있는 어떤 본능(本能)의 개발을 촉진하는 것은 사실이나, 그러한 훈련은 새로운 생활을 창조해 주지는 못한다. 그것은 본능적 기능의 발휘는 촉진시켜주나 아무것도 창조하지는 못한다. 어미에게서 가르침을 받으면 어린 동물은 날개 치기나 둥우리 짓는 동작을 더 빨리 배운다. 그러나 동물은 개체의 개인적 경험만으로는 발견하지 못할지도 모르는 그런 것은 하나도 배우지 못한다. 이러한 이유 때문에 동물은 사회적 조건하에서 사는 것이 아니라, 보다 단순한 집단을 구성하여 날 때부터 개체에 완전하게 형성되어 있는 본능적 기제(機制)에 따라 산다. 이와 같이 동물의 교육은 본성에 기본적인 것 외에는 아무것도 보태지 못한다. 왜냐하면 본성이 개체의 생활에 대해서 뿐만 아니라 집단의 생활과 기타 모든 것에 적합하도록 되어 있기 때문이다. 이와 대조적으로 인간은 사회생활에 필요한 수많은 능력과 소질이 너무 복잡하여 우리 인체조직 속에 모두 포함시키기 어려우며 따라서 유기체적 소질의 형태를 취하기는 어렵다. 즉 이러한 제 능력은 세대 간에 유전되어 전승될 수 없다는 말이다. 이 전수(傳受)는 교육에 의해서 가능하다.

그러므로 다음과 같은 질문을 할 수도 있다. 만약 도덕적 특성들이 개인에게 부자유를 강요하고 자연적 충동을 억제시키기 때문에, 외적 영향이 없이는 인간에게 도덕적 특성을 함양시킬 수 없다고 하면, 모든 사람이 자발적으로 습득하려 하고 추구하는 특성은 없을까? 인간의 행동이 사물의 본성에 보다 더 잘 적응할 수 있도록 도와주는 여러 가지의 지적 특성이 바로 그러한 것에 속한다. 최소한 신체적 특성에 관해서는 이것을 개발하는 데 있어서 교육은 본성 자체의 발달을 도와줄 수 있을 뿐이다. 사회의 도움으로 보다 빨리 그러한 상태에 도달할 수 있을지라도, 교육은 개인 혼자의 힘으로 향해 가고 있는 비교적 완전한 상태로 그를 인도해 줄 수 있을 뿐이다.

그러나 겉보기와는 달리 위와 같은 특성들을 전혀 계발하지 못한 사회도 있으며, 사회가 달라지면 이러한 특성들도 달라진다는 점은 다른 나라에서와 마찬가지로 우리나라에서도 교육은 무엇보다도 사회적 필요에 응답하고 있음을 증명해 주는 것이다. 확고한 지식문화(知識文化)가 모든 사람에게 언제나 유익한 것으로 인식되어 온 것은 아니다. 과학과 비판 정신이 오늘날에는 높이 평가되고 있지만 옛날에는 오랫동안의 의심의 대상이 되었었다. 정신적으로 가난한 사람이 행복한 사람이라는 교훈을 우리는 알고 있지 않은가? 이와 같은 지식에 대한 무관심이 인간의 본성을 희생시켜 가면서 인간에게 부자연스럽게 강요되어 왔다고 생각해서는 안 된다. 인간은 종종 제멋대로 과학에 대한 욕구를 인간의 속성으로 생각해 왔으나, 인간이 과학에 대해서 본능적 욕구를 가진 것은 아니다. 인간은 다만 과학 없이 살 수 없다는 체험을 몸소 겪은 정도까지만 과학을 욕망한다. 인간이 개체의 생명만을 유지하는 데는 과학이 아무 소용없는 것이다. 루소가 이미 말했듯이 생명 유지의 필요를 만족시키기 위하여서는 인간도 동물처럼 오관(五官)과 경험과 본능만 있으면 충분하다. 만약 인간이 개체(個體)의 체질에 근원을 둔 대단히 단순한 욕구 이상의 욕구를 몰랐다면, 인간은 과학을 탐구하지 않았을 것이다. 과학을 탐구하는 데는 인내와 노력과 고통이 따르기 때문에 더욱 그렇다. 인간의 정신에, 지식에 대한 갈증을 사회가 주었을 때에만 인간은 지식에 대한 갈증을 알게 되었고, 또 사회는 사회대로 지식의 필요를 느꼈을 때에만 인간에게 지식에 대한 갈증을 불러일으켰다. 사회생활이 어떤 형태로든 대단히 복잡하게 되어 과학적 사고, 즉 반영적(反映的)사고를 하지 않고서는 그 기능을 원만하게 수행할 수 없을 때 지식에 대한 갈증을 느끼는 순간이 찾아온다. 이런 과정을 거쳐서 과학적 문화는 인간에게 필수불가결한 것으로 되었고, 따라서 사회는 그 구성원에게 과학의 학습을 의무로써 부과하고 요구하는 것이다. 그러나 사회조직이 대단히 단순하고 분화되지 못했던 역사상 초기 시대에는 항상 자급자족적 상태였기 때문에 맹목적 전통으로도 충분하였다. 이것은 마치 동물에게는 본능만으로 충분한 것과 마찬가지다. 이 때에는 사상이나 탐구의 자유는 아무 쓸데없으며 위험하기조차 하였다. 왜냐하면 그것은 전통을 위협할 뿐이기 때문이다. 과학이 배척된 이유는 바로 이것이다.

신체적 특성에 관해서도 마찬가지 설명이 성립된다. 사회환경의 전반적 분위기가 대중의 관심을 금욕주의적인 방향으로 유도하려는 곳에서는, 체육교육은 부차적인 위치로 밀려날 것이다. 중세의 학교에서 실제로 이러한 사태가 발생하였다. 당시 같이 까다로운 시대의 무미건조한 생활에 적응하기 위해서는 금욕주의적 태도만이 필요하였던 것이다. 마찬가지로 동일한 체육교육이라도 견해에 따라서 대단히 다르게 이해될 수 있다. 스파르타에서의 체육교육의 목적은 무엇보다도 피곤을 장시간 견뎌 내도록 사지(四肢)를 강화하는 것이었고, 아테네에서는 체육교육이 신체의 외적(外的) 조형미(造形美)를 형성하는 수단이었으며, 중세 기사도 시대에는 민첩하고 날쌘 무사를 육성하는 것이 목적이었고, 오늘날에는 위생적(衛生的) 목적이 주요 목적이며, 나아가서 지나치게 긴장된 지적(知的) 문화가 초래할지도 모르는 위험한 결과를 해소시키는 데 큰 관심을 두고 있다. 이와 같이 언뜻 보기에는 당연히 바람직한 것으로 보이는 특성들조차도, 사회가 개인에게 그것을 추구하도록 초대할 때에만 개인이 추구하게 되고, 또 개인은 사회가 만들어 준 처방전에 따라서 그러한 특성을 추구한다.

이제 우리는 이상의 논의에서 제기되는 새로운 질문에 대답할 때가 되었다. 사회가 개인을 형성할 때, 사회의 요구에 맞춰서 형성한다는 사실을 우리는 확인하였다. 그렇다면 개인은 견딜 수 없는 폭군에게 굴복하고 있는 것이 아닌가? 그러나 실제로는 개인이 스스로 흥미를 갖고 복종하는 것이다. 왜냐하면 교육을 통하여 집단적 영향이 우리에게 형성해 주는 새로운 존재는 우리가 갖고 있는 것 중 가장 좋은 것의 대표적인 것이기 때문이다. 인간은 오직 그가 사회 안에서 살기 때문에 인간인 것이다. 현대 사회학의 연구 결과를 요약하고 있는 대단히 일반적이면서도 중요한 이 명제를 하나의 항목에서 충분히 설명하기는 어려운 일이다. 그러나 우선 이 명제에 대한 반론은 점점 사라져가고 있다고 말할 수 있다. 그렇다고 해서 이 명제를 증명하는 가장 기본적인 사실을 고찰해 보는 것까지 불가능한 것은 아니다.

첫째는 역사적으로 확증된 사실이 하나 있다면, 그것은 도덕이 사회의 특성과 밀접한 관계가 있다는 사실일 것이다. 이제까지 살펴본 바처럼 사회가 변할 때마다 도덕도 변하여 왔다는 것을 알 수 있다. 이것은 도덕이 공동생활에서 연유되는 것이기 때문이다. 우리에게 자신만의 생각에서 탈피하도록 해주고, 자신만의 이익보다 타인의 이익에 동조하도록 해 주는 것은 바로 사회이다. 우리에게 감정과 본능을 통제하고, 또 이 통제를 위해 법률을 제정하고, 개인 자신을 억제하고 희생하고, 개인적 목적을 보다 차원 높은 목적에 순종하도록 해 주는 것도 바로 사회이다. 외적으로든 내적으로든 우리에게 규율과 도야에 대한 관념과 정서를 계속 갖게 하는 표상체제는 바로 사회가 우리의 양심에 형성시켜 준 것이다. 이와 같은 과정을 거쳐 우리는 자신을 통제(統制)하는 힘을 습득한다. 이 본능 통제의 힘은 인간의 가장 인간적인 특성 중의 하나이며, 이것이 더욱 발달하면 우리가 보다 완전한 인간으로까지 이르게 되는 것이다.

지식의 면에서도 사회에의 의존도는 마찬가지이다. 우리의 관념을 지배하고 있는 인과관계라든가, 법률·공간·수(數)·신체·생명·양심·사회 등의 기본적인 개념을 만들어 내는 것은 과학이다. 이러한 기본개념들은 영원하게 진화 발달하고 있다. 왜냐하면 이런 개념들은 과학적 노력의 결과요, 요점의 반복이지, 페스탈로찌가 생각했던 것처럼 과학의 출발점이 아니기 때문이다. 우리들이 생각하는 인간이나 자연·인관관계·공간 등의 개념들은 중세기 사람들이 생각했던 것과는 다르다. 이러한 결과는 우리가 갖고 있는 지식과 과학적 방법이 중세기의 것과 같지 않기 때문에 나타난다. 이처럼 과학은 동시대뿐만 아니라, 역사의 각 시대를 거쳐서 모든 과학자들의 광범한 참여와 협조를 전제로 하기 때문에 과학은 엄연히 집단적 노력의 결과인 것이다. 과학이 확립되기 전에는 종교가 오늘날의 과학과 같은 위치를 차지하고 있었다. 왜냐하면 신학은 인간과 우주에 대하여 치밀한 개념적 구성을 확립하고 있었기 때문이다. 더구나 과학은 종교의 후계자로 나타났다. 하여튼 종교도 사회적 제도의 하나이다.

우리는 언어를 학습하면서 말만 배우는 것이 아니라, 수세기에 걸친 인간의 경험을 요약하고 있는 여러 가지 관념의 분류체계도 배우며 또한 이러한 분류체계의 근원이 되는 인간의 모든 노력의 산물을 전수받는다. 더욱 중요한 것은 언어가 없다면 우리는 공통사상을 가질 수 없을 것이며, 언어는 인간이 개념을 편리하게 사용할 수 있도록 일관성을 부여해 주며, 우리로 하여금 단순한 감각의 세계에서 넘어설 수 있도록 해 주는 점이다. 따라서 언어가 사회적인 것이라는 것을 설명할 필요를 느끼지 않는다.

이상의 몇 가지 예로 보아서, 사회에서 얻은 것을 인간으로부터 모두 박탈해 버린다면 인간은 무엇으로 환원되고 말까? 아마 동물처럼 되어 버릴 것이다. 만약 인간이 동물이 머무르는 수준을 능가한다면, 그것은 인간의 개인적 노력의 결과가 아니라 동료들과의 협동의 결과일 것이다. 협동은 각자의 활동을 보다 생산적으로 만들기 때문이다. 한 세대의 노력의 결과가 다음 세대에까지 잊혀지지 않는 것은 대체로 협동의 결과이다. 동물은 개체의 생존과정에서 학습한 제 경험을 후세에 남기는 경우가 거의 없다. 이와는 대조적으로 인간은 경험을 거의 모두 상세하게 보존하여, 책이라든지 조각·도구 기타 여러 세대를 통하여 전해지고 있는 각종 연장이나 구전(口傳)들을 통하여 전수된다. 이와 같이 인간의 본성이라는 토양은 일정한 이율로 불어나는 예금과 같은 것으로 덮여 있다. 한 세대가 죽어서 다음 세대로 대체되는 시간을 낭비하지 않고서도 인간의 지혜는 무한하게 축적되어 나가고 있으며, 인간을 동물 이상으로 혹은 개체의 능력 이상으로 고양(高揚)시키는 것은 바로 이와 같은 끊임없는 경험의 축적이다. 그러나 이미 논의한 협동의 경우와 꼭 마찬가지로 이러한 축적은 사회 내에서 사회를 통하여서만 가능하다. 한 세대의 유산(遺産)이 보존되어 다음 세대의 유산에 부가되려면 세대의 소멸성(消滅性)을 초월하여 영속하고 세대와 세대를 결속시켜 주는 도덕적 인격체가 있어야 할 것이다. 이것이 바로 사회인 것이다. 그러므로 사회와 개체는 이제까지 이 문제에 관한 논의에서 자주 대두되었던 상호 적대주의적(敵對主義的) 관점은 전혀 사실과 무관한 것이며, 이 두 용어는 한쪽의 희생 위에서만 다른 한쪽이 충분히 발달할 수 있는 그런 용어가 결코 아니며, 오히려 그들은 서로 보완적인 것이다. 자결적(自決的) 사회에서는 개인은 자신의 행동을 스스로 결정한다. 사회가 개체에 미치는 영향 특히 교육을 통한 영향은 개인을 억압하거나 약화시키거나 성격변화의 목적이나 의도를 갖는 것이 결코 아니며, 오히려 반대로 개체를 성장하도록 도와주고 참인간이 되도록 하는 것이다. 개인이 이렇게 성장하려면 노력을 해야 한다는 것은 의심할 바 없다. 자발적인 노력을 하는 것은 인간의 가장 본질적인 특성 중의 하나이기 때문에 인간이 노력을 한다는 것은 당연한 일이다.

4. 교육과 국가의 역할

교육을 이렇게 정의해 놓고 보면, 국가가 교육에 대해 가져야 할 권리와 의무에 대한 논쟁은 그 해결 방안을 쉽게 찾을 수 있다.

가족의 권리와 국가의 권리는 상반되며, 아동은 부모의 소관사항이라고들 보통 논의되어 왔다. 그리고 부모들이 생각하고 있는 것처럼 아동의 지적 · 도덕적 발달의 방향을 정하는 것은 부모들의 책임이라고들 말한다. 그러므로 교육은 본질적으로 사적(私的)이고 가내적인 과업이라고 인식되어 왔다. 이러한 생각을 받아들이게 되면, 교육문제에 대한 국가의 관여(關與)를 최소한으로 줄이려고 할 것이다. 국가는 교육에 관한 한 가정의 보조자로서 또는 대체자로서 봉사하는 데 그쳐야 한다고 말할 것이다. 가정이 가정의 의무를 수행할 수 없을 때 국가가 책임을 져야 하는 것은 당연하다. 즉 국가는 학교를 가정이 하고 싶은 대로 운영할 수 있도록 하고, 부모가 보내고 싶을 때만 아동을 학교에 보낼 수 있도록 한다. 그러나 국가의 관여의 한계는 엄격히 지켜져야 하고, 아동의 마음에 어떤 특정한 지향성을 갖게 하는 일체의 적극적 국가 행동은 금지되어야 할 것이다.

그러나 국가의 역할이 이와 같이 소극적 상태로 남아 있는 것은 거의 불가능하다. 우리가 이제까지 설명하려고 노력한 바처럼, 만약 교육이 집단적 기능을 가졌다면, 또 그 목적이 아동을 사회에 적응시키는 것이라면, 이러한 교육의 과정에 사회가 무관심하게 남아 있다는 것은 불가능한 일이다. 교육의 방향을 지시하는 조회근거(照會根據)가 사회임에도 불구하고 어찌 사회가 교육에 참여하지 않을 수 있겠는가? 아동으로 하여금 그들이 살고 있는 사회 환경에 적응할 수 있도록 하기 위해서 아동에게 부과(賦課)

되어져야 할 사고와 정서의 내용을 교사에게 끊임없이 제공·상기시켜 주는 것은 바로 국가의 임무이다. 만약 교육적 영향을 사회적인 방법으로 시행해야 한다는 보증을 항상 받지 못한다면, 교육적 영향은 필연적으로 사적(私的) 신념의 시녀로 낙착되어 버릴 것이고, 전 국민은 서로 갈등하는 다수의 작은 집단으로 조각나 버리고 말 것이다. 그러한 사태보다 더 완전하게 교육의 기본적 목적을 부정할 수 있는 사태는 없었을 것이다. 선택은 불가피하다. 만약 사회의 존재에 대해 약간의 가치라도 부여한다면 교육은 시민들에게 그들 사회의 존재에 필수불가결한 사상과 정서의 공동체를 충분히 확립시켜 주어야 할 것이고, 그리고 교육이 이것을 성취하려면 교육은 사적·개인적 독단에 완전히 맡겨져서는 안 된다는 것도 분명히 밝혀 둘 필요가 있다.

교육은 본질적으로 사회적 기능이기 때문에, 국가가 교육에 대해 무관심하게 있을 수는 없다. 오히려 반대로 교육에 관련되는 모든 것은 어느 정도 국가의 영향력 안에 있어야 한다. 그렇다고 해서 국가가 수업을 독점해야 한다는 말은 아니다. 이 문제는 대단히 복잡하기 때문에 이렇게 지나쳐 버리면서 간단히 취급할 수 없다. 이 문제에 관해서는 뒤에 상세히 논의하기로 하겠다. 학문적 진보가 보다 쉽고 빠르게 성취되려면, 어느 정도 개인의 창의가 허용되어야 한다고 믿는 사람도 있다. 왜냐하면 개인은 국가보다 빨리 혁신을 수용할 수 있기 때문이다. 그러나 공공이익의 측면에서 국가가 보다 직접적으로 책임을 지고 있는 학교 이외의 학교들도 설립하도록 허가해야 한다. 이 사실에서 국가가 학교 내에서 행해지고 있는 자기 활동에 대해 초연해야 한다는 논리가 도출되지는 않는다. 오히려 이와 반대로 학교에서 하는 교육은 국가의 통제 하에 있어야 한다. 국가만이 심사원이 되어 특수한 자격을 보증하는 자격증이 없는 사람이라도 누구나 교육자의 기능을 수행할 수 있다고 말한다면 그것은 어불성설이다. 국가관여(國家關與)의 한계를 확정적으로 결정하기는 어려우나 관계하여 참여하는 원리를 부정할 수 없다는 점은 명백하다. 아무리 완전한 자유를 구가하더라도 반사회적 교육을 할 권리를 주장할 수 있는 학교는 있을 수 없다.

그럼에도 불구하고 현재 우리가 살고 있는 국가의 분단상태로 인하여 국가의 임무는 더욱 까다롭게 되고 동시에 더욱 중요하게 된다는 사실을 인식할 필요가 있다. 사실 사회가 존속하기 위하여서는 반드시, 필요한 사상과 감정의 공동체(共同體)를 형성하는 일이 국가의 임무인 것은 아니다. 이러한 공동체는 저절로 형성되어야 하며, 국가는 다만 그것을 유지하고 신성화(神聖化)하고, 국민 각자에게 더욱 더 잘 인식시키도록 할 수 있을 뿐이다. 그러나 불행하게도 이러한 도덕적 통일은 도덕의 존재양식의 본래의 모습이 결코 아니라는 것을 부인할 수 없다. 우리들 자신이 여러 가지 다양한 개념을 가지고 있으며, 때로는 서로 모순되는 개념까지 갖고 있지 않은가. 이러한 다양성 속에 부정할 수 없는 사실 즉 동의할 수밖에 없는 사실이 들어 있다. 그것은 다수집단의 사상을 소수집단의 아동에게 주입하려는 다수집단의 권리를 인정하는 그런 문제가 아니다. 학교는 일개 정당의 도구가 될 수 없으며, 교사 자신의 생각으로는 타당하게 생각되더라도 교사의 개인적 편견에 따라 학생들에게 가르치는 권한을 함부로 이용한다면 그는 자기의 의무에 태만한 것이다. 그러나 의견의 차이가 아무리 다양할지라도 현시점에서 볼 때 우리의 문화의 기저에는 몇 가지 원리가 있다. 그 원리들은 현재적(顯在的)으로든 잠재적으로든 모든 사람들에게 공통적인 것이며 따라서 어떤 경우일지라도 공공연하게 감히 부정하지 못하는 것이다. 이성의 존중, 과학의 존중, 민주적 도덕의 기초를 이루고 있는 사상과 감정의 존중 등이 그러한 원리들이다. 이러한 기본적 원리의 대강(大綱)을 규정하고 학교에서 이것을 가르치게 하고, 언제 어디서나 모든 아동이 잘 숙지하고 있는가를 확인하고, 그것이 존중되고 있는가를 확인하는 일은 국가의 역할이다. 국가는 이와 같은 관련 하에서 그 영향력을 덜 공격적이고 덜 극단적인 동시에 일정한 한계 내에서 현명하게 행사할 때보다 큰 실질적 효과를 거둘 것이다.

5. 교육력(敎育力)과 교육방법

교육의 목적을 확정한 다음에 우리가 해야 할 일은, 어떤 방법으로 어느 정도까지 이 목적을 달성할 수 있는가를 연구하는 일이다. 이 말은 교육의 실효성(實效性)은 어떤 방법에 의해서 어느 정도까지 보장될 수 있는가를 묻는 셈이 된다.

이 질문은 지금까지 오랫동안 논쟁의 대상이 되어온 질문이다. 퐁트넬(Fontenelle)은 "훌륭한 교육이 훌륭한 인격을 육성하는 것은 아니며, 나쁜 교육이 인격을 망치는 것도 아니다"라고 말하였다. 그런가 하면 록크(Lock)나 엘베티우스(Helvetius)는 교육을 만능적인 것으로 생각하였다. 엘베티우스에 의하면 '모든 인간은 평등하게 태어났고 평등한 능력을 가지고 태어났다. 교육만이 차이를 만들 수 있다' 자코토(Jacotot)의 이론도 이와 유사하다.

이 질문에 대한 해답은 두 가지 문제와 관련된다. 한편으로는 선천성(先天性)의 본질과 중요성에 대해 어떻게 생각하는가와 다른 한편으로는 교사의 능력에 달린 수업방법에 대해 어떻게 생각하는가에 따라 달라진다.

록크나 엘베티우스가 생각했던 것처럼 교육은 무(無)의 상태에서 인간을 만드는 것이 아니라, 이미 만들어진 선천성에 작용하는 것이다. 또 다른 견해에 의하면 이러한 유전적 특성은 일반적으로 대단히 강하여 그것을 급히 말살시키거나 변화시키기가 극히 곤란하다. 왜냐하면 이러한 특성은 교사가 거의 영향을 미칠 수 없는 유기체(有機體)의 조건에 달려 있기 때문이다. 따라서 이러한 유전적 특성의 목적이 얼마나 제한되어 있는가, 즉 목적한정성(目的限定性)의 정도에 따라서 또 유전적 특성의 영향으로 정신과 성격이 행동과 사고의 방향과 폭을 확정하는 정도만큼 개인의 모든 미래는 사전에 결정되어지는 것이며, 이런 상황에서는 교육이 해야 할 일이 별로 없다.

　그러나 다행히도 인간 특성 중의 하나는 인간의 선천성의 본질이 대단히 일반적이고 개연적이라는 점이다. 선천적 특성 중 확고하고 변화하지 않으며 외적 환경의 영향을 받을 여지가 거의 없는 것은 본능(本能)이다. 그런데 사람에게는 본능이 단 하나만 있는지는 의문이다. 사람에 따라서 보존의 본능을 지적하는 사람도 있다. 그러나 이 말은 부적당하다. 그 이유는 본능의 다음과 같은 속성(屬性) 때문이다. 본능은 일정한 행동의 체계이며 항상 똑같은 반응을 나타낸다. 이것이 일단 감각에 의해 행동화할 태세가 되면 어디에서나 아무런 조절을 하지 않고서도 자연의 한계에 부딪칠 때까지는 자동적으로 필요한 행동에 연결된다. 그런데 우리의 생명이 위험에 부딪쳤을 때 취하는 행동들이 모두 이와 같은 자동적 불변성(自動的不變性)을 갖는 것이 아니다. 이런 행동들은 상황에 따라서 변한다. 즉 우리는 이런 종류의 행동들을 상황에 적응시킨다. 왜냐하면 아무리 갑작스레 일어난다고 할지라도 이런 행동들이 어떤 의식적 선택 없이 발생하지 않기 때문이다. 소위 보존의 본능이라는 것도 결국은 죽음을 회피하려는 일반적 충동(衝動)이다. 이러한 충동이 없다면 한 세대의 죽음은 영원한 죽음으로 되어 버리고 말 것이다. 소위 말하는 모성본능·부성본능, 나아가 성적본능까지도 이와 같은 관점에서 설명할 수 있을 것이다. 이러한 것들은 일정한 방향을 향한 충동임에는 틀림없다. 그러나 그 충동을 표현하는 방법은 사람마다 다르며, 경우에 따라서도 다르다. 그리고 그 중 광범위한 영역이 시행착오와 개인이 적응해야 할 대상으로 남아 있다. 이 말은 곧 충동을 표현하는 방법에는 출생 후에만 그 영향을 감지할 수 있는 제반 원인행동(原因行動)이 효과적 영향을 끼칠 수 있는 대상이 광범하게 남아 있다는 말이다. 교육은 바로 이러한 원인 행동 중의 하나이다.

어떤 아동은 자살·절도·살인·사기 등과 같은 특정 행동에 대해 대단히 강한 경향성(傾向性)을 타고 태어난다고 주장되어 왔다. 그러나 이러한 주장은 사실과 전혀 일치하지 않는다. 이 명제와 관련된 논의가 무엇이든 간에, 사람은 범죄적(犯罪的)으로 태어나지는 않는다. 더욱이 사람은 날 때부터 이런 저런 형태의 범죄를 지을 운명이 결정되는 것은 아니다. 이탈리아의 범죄학자들이 주장하였던 역설은 오늘날 옹호자들을 완전히 잃어버리고 말았다. 유전되는 것을 정신적 균형의 결핍이며, 이 불균형(不

均衡) 때문에 그 아동은 일관적이고 규율적인 행동에 적응하기 힘들게 된다. 그러나 이러한 기질 때문에 그 아동이 모험적 탐험가나 예언가 · 정치개혁자 · 발명가 등이 되지는 못하고 반드시 범죄인으로 될 운명에 처해지는 것은 아니다. 직업적성(職業適性)에 대해서도 그것이 어떤 것이든 간에 이와 마찬가지의 논의가 성립될 수 있을 것이다. 베인(Bain)이 말한 것처럼, '고명한 언어학자의 아들일지라도 단 하나의 단어도 유전 받지 못한다. 유명한 여행가의 아들일지라도 광부의 아들에게 지리공부에 뒤질 수도 있다.' 아동이 부모로부터 전수받은 것은 대단히 일반적 능력이다. 예를 들면 주의집중력(注意集中力)이라든가, 어느 정도의 인내력, 건전한 판단력, 상상력 등이다. 그러나 이러한 능력은 각각 여러 가지 다른 목적에 이용될 수 있다. 상당히 풍부한 상상력을 타고난 아이가 환경(環境)에 따라 화가나 시인도 될 수 있고 창조적 기사(技士)도 될 수 있고 모험적인 금융가도 될 수 있다. 그러므로 타고난 능력과 이를 실생활에서 활용하기 위해 취하게 되는 행동의 구체적 형태와는 대단히 다르다. 이것은 곧 아동의 미래가 유전인자에 의해서 사전에 엄격히 결정되는 것이 아니라는 것을 뜻한다. 그 이유는 쉽게 이해할 수 있다. 유전에 의해 전수

(傳授)될 수 있는 것은 활동의 형태가 항상 똑같은 양식으로 반복되어서 유기체의 인체조직 속에 정형(定型)으로 고착(固着)될 수 있는 것들뿐이다. 그런데 인간생활은 다면적이고 복합적이며, 조건이 변함에 따라 변한다. 따라서 인간생활은 그 자체가 변하고 끊임없이 수정될 수밖에 없다. 그러므로 인간생활을 유기체 조직 속에 분명하고 확실한 형태로 만들기는 불가능하다. 그러나 모든 인간에게 공통적으로 경험되는 특성을 지칭하는 대단히 보편적이고 막연한 기질들은 세대(世代)에서 세대로 전수되어 남는다.

선천적 특성은 대체로 대단히 '일반적이다'라고 말하는 것은, 선천적 특성은 전성(展性)과 융통성(融通性)이 대단히 크다고 말하는 것과 같다. 왜냐하면 이 말은 이러한 특성들이 대단히 여러 가지 형태로 현실화되어 나타날 가능성을 가정하기 때문이다. 출생시의 인간을 구성하고 있는 모호한 잠재적 가능성과 사회에 유익한 역할을 하기 위하여서는 필연적으로 갖추어야 할 구체적 특성과의 사이에는 상당한 거리가 있다. 교육이 아동에게 여행하도록 인도해 주어야 하는 것이 바로 이 거리이다. 교육이 영향을 미칠 수 있는 영역이 광범위하게 펼쳐져 있음을 알 수 있다.

그러나 이러한 영향을 효과적으로 미치기 위해 교육은

적절한 수단을 마련하고 있는가? 교육의 영향력(影響力)을 구성하고 있는 요인(要因)과 영향력의 크기를 알아보기 위해, 현대 심리학자 귀요(Guyau)는 교육과 최면 암시(催眠暗示)를 비교하였다. 이러한 비교가 아무런 근거 없이 행해진 것은 아니라고 생각한다.

최면 암시는 다음과 같은 두 가지 조건을 가정하고 있다. (1) 피최면자는 항상 예외적일 만큼 수동적인 상태에서 발견된다. 그의 마음은 거의 백지(白紙)의 상태로까지 환원되어 버리고, 의식은 공허한 상태로 되며, 의지는 마비되어 버린다. 그리하여 암시받게 되는 관념은 이와 관점을 달리하는 관념의 저항을 전혀 받지 않는 최초의 저항 상태에서 형성되고 달성될 수 있다. (2) 그러나 이 공허는 완전한 것이 아니기 때문에 관념은 암시 그 자체로부터 특정행동을 일으킬 말한 힘을 얻어 올 필요가 있다. 따라서 최면가는 권위 있게 명령조(命令調)로 말할 필요가 있다. 그는 '나는 원한다'라고 말해야만 한다. 복종의 거부는 생각할 수도 없는 일이며, 사물은 그가 보여 주는 대로 보여야 하며, 다르게 보일 수 없다는 것을 암시하여야 한다. 만약 그가 완화시켜 주면 피험자는 망설이든가 저항을 보일 것이며 때로는 복종을 거부하기까지 하는 것을 볼 수 있다. 만약 그가 어떻게 하여 토론이라도 하게 된다면, 그것은 바로 그의 힘이 종지부를 의미하는 것이다. 암시가 피험자의 자연적 기질에 어긋나면 어긋날수록 명령적 어조는 더욱 더 불가피하게 된다.

그런데 이러한 두 조건은 교사가 그의 영향권 안에 있는 아동과의 관계에서도 나타난다. (1) 아동은 자연스럽게 수동적인 상태로 되는데, 이것은 최면술의 피험자가 인위적으로 처하게 되는 수동적 상태와 대단히 비교가 된다. 아동의 마음은 아직 그에게 제시되는 개념에 대해서 저항하여 싸울 수 있을 만큼 개념을 많이 가지고 있지 못하며 그의 의지(意志)는 아직 발달하지 않은 초보단계이다. 그러므로 그는 대단히 암시를 받기 쉽다. 마찬가지 이유로 그는 예를 들어 설명하는 데 민감하여 이를 쉽게 용납하거나 모방하는 경향이 강하다. (2) 경험의 우수성과 소유하고 있는 문화의 우수성 때문에 교사는 학생보다 우월한 위치를 차지하게 되며 자연적으로 교사의 영향이 필요한 실효성을 거두게 된다.

최면 암시의 힘은 대단히 큰 것으로 알려져 있다. 따라서 이 비교를 통하여 교사의 힘이 어느 정도 되는가를 짐작할 수 있다. 그런데 만약 교육의 영향이 정도 면에서는 최면 암시보다 비록 낮다고 하더라도 그와 유사한 효율성 (效率性)을 갖고 있는 것이 사실이라면, 교육을 이용하는 방법을 알 때 우리는 교육에 대해 많은 것을 기대할 수 있을 것이다. 우리 자신의 무능력에 실망할 것이 아니라, 오히려 우리가 미칠 수 있는 힘의 범위가 대단히 큰 것에 놀람을 금치 못할 것이다. 만약 교사나 부모가 아동에게 일어나는 모든 사태는 아동에게 반드시 어떤 흔적을 남겨 놓는다는 사실과, 아동의 정신과 성격이 순간순간 발생하는 수천의 무의식적인 영향에 의해서 형성된다는 사실, 또 별로 중요하지 않다고 생각하기 때문에 주의(注意)를 기울이지 않는 수많은 무의식적인 행동에도 아동은 대단히 영향을 많이 받는다는 것을 항상 잘 인식하고 있다면, 그들은 자신의 언어와 행동을 대단히 조심할 것이다. 교육이 불연속적이거나 일관성 없이 행해질 때에는 비효과적일 것은 자명한 일이다. 헤르바르트가 말한 것처럼 아동을 수시로 징계한다고 하여 아동이 영향을 크게 받는 것은 아니다. 교육은 즉각적이고 분명한 성과를 추구하지 않고 꾸준하게 계속적이어야 한다. 또 일정하게 설정된 바람직한 방향으로 점진적으로 진행하면서, 외부의 사건이나 우발적인 환경 때문에 방향이 분산되지 않도록 해야 한다. 이러한 조건을 갖춘 교육은 정신 깊숙이 영향을 미치는 데 필요한 모든 수단을 임의로 행사할 수 있게 된다.

우리는 또한 교육이 영향력을 발휘하기 위하여 필요로 하는 수단이 무엇인가도 알게 된다. 최면가가 갖는 영향력의 근원은 특정 상황에서 그가 갖는 권위이다. 유추적 (類推的)으로 생각할 때 교육도 또한 기본적으로 권위의 문제임에 틀림없다고 볼 수 있다. 나아가 이 중요한 명제는 직접적으로 입증될 수 있는 명제이다. 사실 교육의 목적은 출생 때에는 개인적이고 비사회적인 아동에게 완전히 새로운 존재를 부가하는 것임을 앞서 확인하였다. 교육은 인간의 최초의 본성을 극복하도록 해 주어야 한다. 아동이 인간이 되는 것도 이러한 조건이 성립될 때에만 가능하다. 그런데 우리가 우리 자신을 우리 자신 이상의 것으로 만들려면 다소간 어려운 노력을 거치지 않으면 안 된다. 쾌락주의자의 교육개념이나 몽테뉴의 교육개념처럼 거짓과 기만으로 가득찬 것은 없을 것이다. 이들의 교육개념에 의하면 인간은 스스로 즐기기만 하면 그것으로 충분하지, 쾌락에 대한 매력 이외에 다른 어떠한 노력은 하지 않아도 인간이 형성될 수 있다는 것이다. 설혹 인생에 어둡고 우울한 측면이 전혀 없다고 하더라도 그리고 아동의 눈에 인생을 인위적으로 우울하게 보이도록 하는 것이 죄라고 하더라도, 그래도 인생은 진지하고 중요한 것이다. 따라서 인생에 대한 준비인 교육은 이 진지성을 공유하지 않으면 안 된다. 본능적 이기주의를 억누르는 것을 배우고 보다 높은 목적에 자신을 종속시킬 줄 알고, 욕망을 의지의 제어에 복종하도록 하고, 욕구를 적절한 한계 내에서 한정시킬 줄 알도록 하기 위하여 아동은 강한 자제력(自制力)을 훈련해야 한다. 그런데 우리가 극기(克己)하고 자제(自制)해야 하는 것은 다음 두 가지 이유 중 어떤 하나 때문이다. 하나는 극기와 자제가 물질적 필요성 때문에 필요한 경우이고 또 하나는 도덕적 이유 때문에 그렇게 해야만하는 경우이다. 그러나 아동은 이러한 태도가 불가피하게 필요한 생활의 냉혹한 현실에 직접적으로 부딪쳐 볼 기회가 있기 때문에 우리에게 이러한 노력을 부과하고 있는 물질적 필요성을 느끼지 못하고 있다. 아동은 아직 그러한 투쟁에 참여하고 있지 않는 것이다. 이 문제에 대해 스펜서의 견해가 어떠하였든 간에 우리로서는 아동을 거친 현실에 직면시킬 수 없는 것이다. 그러므로 아동이 실제로 냉엄한 현실에 직면할 때에는 그가 이미 대체로 준비를 갖추고 있을 필요가 있는 것이다. 그렇다고 하여 아동을 극기적이고 의지적으로 만들기 위하여 냉혹한 현실의 영향력에 내맡길 수는 없는 것이다.

의무의 문제는 아직 남아 있다. 사실 의무감(義務感)은 아동에게 또 성인에게까지도 노력을 자극하는 최상의 자극물이다. 자존심은 그 자체가 의무를 가정하고 있다. 왜냐하면 상벌(賞罰)이 개인에게 무엇을 의미하는지를 정확히 알려면 그 사람은 이미 자기의 품위에 대한 감각을 가지고 있어야 하며 따라서 의무감을 가져야 하기 때문이다. 그러나 아동은 다만 교사나 부모를 통해서만 자기의 의무를 알 수 있다. 아동이 의무가 무엇인지를 아는 길은 오직 부모나 교사의 언어와 행동을 통해서 뿐이다. 그들이 언어나 행동으로 의무를 표현하는 태도는 아동의 의무감 형성에 있어서 주요인이다. 따라서 아동에게는 부모나 교사가 곧 의인화한 혹은 화신(化身)한 의무로 나타나는 것이다. 그러므로 도덕적 권위는 교사의 중요한 특성이다. 왜냐하면 의무가 의무로 되는 것은 교사의 권위를 통하여서만 가능하기 때문이다. 교사가 가져야 할 특성은 명령적 어조와 의지력에 대한 존경심이다. 교사는 명령적 어조로 양심을 선언하고 의지력에 대한 존경심을 고취시켜야 한다. 이 존경심은 양심을 판단에 따르도록 만든다. 이와 같이 교사의 인간됨으로부터 교사의 이러한 인상이 발산되는 것은 불가피한 현상이다.

이러한 의미의 권위는 강압적인 것도 아니요, 억압적인 것도 아니라는 것을 구태여 밝힐 필요가 없다. 권위는 순수하게 도덕적 우월일 뿐이다. 권위는 교사가 두 가지 주요 조건을 갖추고 있을 것을 전제로 한다. 첫째로 교사는 의지력을 가져야 한다. 왜냐하면 권위는 신뢰감을 암시하고 있기 때문에 결심을 주저하거나 바꾸는 사람을 아동이 믿을 수 없기 때문이다. 그러나 이 첫째 조건이 가장 중요한 것은 아니다. 무엇보다도 가장 중요한 것은 그가 전달하려고 하는 감성 문제에 대해 자신 내부로부터 우러나는 권위를 느껴야 한다는 것이다. 권위는 교사가 그것을 실질적으로 소유하고 있을 때에 한해서만 교사가 천명할 수 있는 힘으로 되는 것이다. 그런데 교사는 어디로부터 권위를 획득하는가? 그것은 교사의 상벌권한(賞罰權限)으로부터 연유되는 것일까? 그러나 채찍질에 대한 공포는 권위에 대한 존경과 전혀 성질을 달리하는 것이다. 채찍질은 그로 인해 고통을 받는 아동에게 정당한 것으로 인정될 때에 한해서만 도덕적 가치를 갖는다. 즉 처벌하는 권위가 합법적으로 인정될 때에만 도덕적 가치를 갖는다.

문제는 바로 여기에 있다. 교사가 권위를 유지하는 근원은 외부로부터 연유되는 것이 아니라 자신 내부로부터 연유되는 것이다. 권위는 교사의 내적 신념으로부터만 발생할 수 있다. 교사는 자신을 믿거나 자기의 지능 또는 정신의 우수성을 믿어서는 물론 안 되며, 과업(課業)과 과업의 중요성을 믿어야 한다. 성직자의 세계에 극히 밀착되어 있는 권위는 그들이 갖고 있는 소명의식(召命意識)에서 나오는 것이다. 왜냐하면 그들은 그들이 믿고 있는 신(神)의 이름으로 말하고 비신도의 군중보다는 훨씬 친밀하게 느껴지는 사람들에게 말하기 때문이다. 교사들은 일종의 이런 감정을 가질 수 있고 또 가져야만 한다. 교사도 또한 그를 초월하는 위대한 도덕적 인간, 즉 사회의 전도자(傳道者)인 것이다. 성직자가 신의 해석자인 것과 마찬가지로 교사도 그 시대와 국가의 위대한 도덕사상의 해석자인 것이다. 교사에게 이러한 사회의 도덕적 사상에 숙달하도록 하고, 이 사상의 향기를 느끼도록 하라. 그러면 이 사상이 갖고 있는 권위와 또 그것에 대해 교사가 느끼는 권위는 아동에게 그리고 교사가 하는 모든 행동에 반드시 전달되고야 말 것이다. 이와 같이 비개인적 원천에서부터 유래되는 권위에 자만심이나 현학적 태도, 허영 등이 침투되어서는 안 된다. 권위는 순전히 교사가 자기의 기능 혹은 직무에 대하여 갖는 존경심으로 구성되어 있다. 언어와 몸짓을 통하여 교사로부터 아동에게 전달되는 것은 이러한 존경심이다.

  교육의 이 두 가지 구성요소 즉 자유와 권위는 마치 서로 모순되고 상호 제한하는 것처럼 대립되어 왔다. 그러나 이러한 대립은 부자연스러운 것이다. 실제로는 이 두 용어는 배타적이기보다는 상호 보완적이다. 정당하게 판단하면 자유는 권위의 딸이다. 왜냐하면 자유롭다는 것은 사람이 쾌락을 즐기는 것을 의미하는 것이 아니라, 극기(克己)하고 이성적(理性的)으로 행동할 줄 알며 의무를 이해할 줄 아는 것이기 때문이다. 이제야 비로소 교사의 권위가 적용되어야 할 곳은 바로 아동에게 극기정신을 부여하는 것이라는 점이 정확하게 파악되었다. 교사의 권위는 의무와 이성이 가진 권위의 오직 한 가지 측면에 불과하다. 그러므로 아동은 교사의 말 속에서 권위를 인정하도록 훈련받아야 하고 그 권위의 우월성에 대해 복종하도록 훈련받아야 한다. 이러한 조건 위에서만 아동이 나중에라도 양심적으로 권위를 발견할 줄 알게 되고, 권위를 존중할 줄 알게 될 것이다.

제2장

교육학의 본질과 방법

교육학의 본질과 방법

'교육'과 '교육학'이라는 두 용어는 종종 혼동되어 사용되고 있다. 그러나 이 두 용어는 주의 깊게 구분되어야 할 필요가 있다.

교육은 교사와 부모가 아동에게 미치는 영향을 말한다. 이러한 영향은 언제나 현재적(現在的)인 것이며 일반적인 것이다. 아동세대가 성인과 접촉하지 않을 때, 즉 성인으로부터 아동이 어떤 교육적 영향을 받고 있지 않는 기간은 사회생활에서 거의 찾아볼 수가 없다. 심지어는 하루 중 일순간도 없다고 할 수 있다. 왜냐하면 이러한 교육적 영향이 부모나 교사가 의식적으로 하는 분명한 지도에 의해서 자신들의 경험을 후세대들에게 전달하는 대단히 짧은 순간에만 국한하여서 나타나는 것이 아니기 때문이다. 끊임없이 지속되는 무의식적(無意識的) 교육이 있는 것이다. 우리가 무심코 드는 예나 말, 우리가 하는 행동에 의해서 우리는 끊임없이 아동을 교육해 나가고 있는 것이다.

교육학은 이와는 아주 다르다. 그것은 행동이 아니라 이론인 것이다. 이러한 이론은 교육에 대한 사고방식이지 교육실천방식이 아니다. 때때로 이론은 실천과 구분되어 실천과 반대되는 관점에서 사용되어지기도 한다. 라블레와 루소와 페스탈로찌의 교육학은 당시의 교육과 반대되는 입장이었다. 이 때에 교육은 교육학의 대상일 뿐이다. 교육학은 교육현상을 반영하여 사고하는 하나의 방법이다.

이러한 이유 때문에 교육은 계속적임에도 불구하고 교육학은 간헐적(間歇的)으로 발달하였던 것이다. 적어도 과거에는 그러하였다. 정확히 말하자면 교육을 실시하고 있어도 교육학은 발달시키지 못한 국민이 있다는 것이다. 교육학은 역사적으로 비교적 번창했던 단계에만 나타났다. 그리스 시대만 하더라도 페리클레스 시대 이후에 플라톤, 크세노폰, 아리스토텔레스 등에서 교육학이 발견될 뿐이다. 또 로마 시대에는 교육학이 존재조차 하지 못하였다. 중세 기독교사회에서도 교육학의 중요한 저작을 생산했던 시기는 16세기뿐이다. 그 당시 보인 교육학의 진보는 17세기에 다시 침체되었고 18세기에야 새로운 전성기를 맞이하게 되었다. 이러한 현상이 나타나는 이유는 인간이 항상 반성적(反省的) 사고를 하는 것이 아니기 때문이다. 인간은 필요할 때에만 반성적 사고를 하며 또 반성적 사고를 할 조건이 언제나 갖추어져 있었던 것도 아니었다.

이러한 것들이 입증되었으면 이제 교육에 관한 반성적 사고의 특성과 그 사고결과의 특성이 무엇인지를 발견해 내야만 한다. 우리는 이 무엇에서 적절한 과학적 이론을 발견해 내야만 하며 또 그것을 교육의 과학, 즉 교육학이라고 불러야 하는가? 아니면 다른 이름을 붙이는 것이 적절한가? 그렇다면 어떤 이름이 타당할까? 이러한 질문에 대한 답변이 어떠한가에 따라 교육학 연구의 방법에 대한 본질이 대단히 다르게 이해될 것이다.

I

어떤 관점에서 본다면 교육현장이 여타의 과학적 이론이 갖춘 특성을 모두 갖춘 이론의 대상이 될 수 있다는 것은 이미 충분히 설명하였다.

사실 일련의 연구를 과학이라고 부르기 위하여서는 그 연구들이 다음과 같은 특징을 갖추어야 할 필요 충분한 조건을 갖추게 되는 것이다.

① 과학적 연구는 검증되고 정선되고 관찰된 사실을 취급하여야 한다. 사실 과학이냐 아니냐는 그 연구대상으로써 규정된다. 따라서 과학은 연구대상이 존재한다고 가정하고, 인간이 그것을 어떤 방법으로 발견·지적해 내어 현실의 전체계(全體系) 속에서 그것이 점유하고 있는 위치를 밝혀낼 수 있다고 가정한다.

② 연구대상인 제사실은 그들 상호간에 동질성이 충분히 확보되어 동일범주로 분류될 수 있는 것들이어야 한다. 만약 이 사실들이 서로 통분될 수 없는 것이라면, 그것은 하나의 과학이 아니라 사실이 분류되는 유형의 수만큼 많은 수의 과학이라고 봐야 할 것이다. 과학발달의 초기단계에 있어서는 성질을 서로 달리하는 여러 가지의 연구대상을 잡다하게 다루는 일이 종종 있었다. 예를 들면 지리학이나 인류학 등이 이러한 경우에 해당된다. 그러나 이러한 현상은 과학발달의 단계에 있어서의 하나의 과도적 현상에 지나지 않는다.

③ 마지막으로 과학이 제사실을 연구하는 목적은 앎 그
것일 뿐이다. 이해관계에 절대로 관여하지 않고 다만 알
기 위해서 일 뿐이다. 우리는 어떤 것이 과학적 지식으로
될 수 있는가를 자세히 분석하지 아니하고 오히려 일반적
이고 모호한 단어인 '안다'라는 용어를 의식적으로 사용하
였다. 사실 과학자가 법칙을 발견하려 하지 아니하고 유
형의 확립을 시도한다거나 현상의 기술에만 한정하거나
설명하려고 하는 것은 그렇게 중요하지 않다. 과학은 그
것이 어떤 것이든 간에 지식이 그 자체로서 추구되는 곳에
서 시작된다. 과학자들이 발견한 것들이 대단히 유용하게
이용될 것이라는 것은 그들 자신들도 잘 알고 있음은 의심
할 여지가 없다. 과학자는 그들의 연구가 보다 더 유익하
고 생산적으로 되도록 하고 현실의 긴박한 문제를 만족스
럽게 해결해 주었으면 하는 소망을 가지기 때문에 연구의
방법을 의도적으로 이런저런 관점으로 이끌어 갈 수도 있
다. 그러나 그가 과학적 탐구에 전력을 기울이는 한 그는
실천적 결과에는 무관심하다. 그는 무엇이 존재하여 존재
양태(存在樣態)가 어떠하다는 것을 확립시킬 뿐이다. 과학
자는 여기서 멈추고 만다. 그는 자기가 발견한 진리가 호
감을 줄 것인지 아니면 당황하게 할 것인지를 알려고 하지

아니하며, 또 자기가 설정한 관계를 그대로 두는 것이 좋을까 아니면 달리 설정했으면 더 좋았을 텐데 하고 걱정하지 아니한다. 그의 역할은 현실을 표현하는 것이지 그것을 재판하는 것이 아니다.

이렇게 볼 때 교육이 위와 같은 조건을 만족시켜 주는, 즉 과학이 갖추어야 할 모든 특성을 갖춘 학문의 탐구대상이 되지 못할 하등의 이유가 없다.

사실 특정 사회에서 실시되었던 교육이나, 교육 발전과정 중의 특정 시기의 교육은 관례(慣例)의 총체(總體)요 관행(慣行)의 총체요 관습의 총체이다. 어떠한 관습은 구체적으로 규정된 사실들이며, 다른 사회적 사실과 마찬가지로 실체이다. 이것은 이제까지 오랫동안 믿어져 왔던 것처럼 단순히 불확정된 의지의 변덕스러운 영향을 받아서 존재하게 된 상당히 독단적이고 인위적인 그런 고안품은 아니다. 오히려 그것은 사회의 실제 제도인 것이다. 어느 사회이든 각 시대마다 그 사회의 구조 속에서 적절한 교육체계가 이미 암시되어 있으며, 이것과 다른 교육체제를 그 사회로 하여금 갖게 할 수는 없는 것이다. 이것은 마치 생물 유기체에 본래 부여되어 있는 기관이나 기능과는 별개의 기관이나 기능을 갖도록 할 수 없는 것과 마찬가지이다.

만약 이러한 생각을 지지하는 모든 타당한 이유 외에 새로운 이유를 부가시켜야 할 필요가 있다면 그것은 상기의 관례들이 우리에게 강력하게 부과하고 있는 긴박한 힘이 무엇인가를 고려하는 것으로 충분하다. 아동을 마치 우리가 원하는 대로 양육할 수 있다고 생각하는 것은 어리석은 생각이다. 우리는 우리가 살고 있는 사회 환경 속에서 널리 통용되고 있는 규율을 준수하도록 강요받고 있다. 세평(世評)은 규칙을 우리에게 부과하며, 또 그것은 물리적인 힘 못지않게 강제력이 큰 도덕적 세력인 것이다. 세평은 관례에 권위를 부여하며 바로 이 사실 때문에 관례는 개인의 영향권에서 훨씬 벗어나 있는 것이다. 물론 우리는 관례에 어긋나게 행동할 수는 있다. 그러나 그 때에는 우리에게 침범당한 도덕적 세력이 우리에게 불리하게 반작용을 하게 되며, 일단 이런 현상이 나타나게 되면, 도덕적 세력이 우월하기 때문에 우리가 정복당하지 않을 수 없다. 또한 우리는 물리적 세력에도 의존하고 있는데, 이 물리적 세력에 저항할 경우도 마찬가지이다. 물리적 환경의 본질에 함축되어 있는 것과 다른 방식으로 살려고 노력할 수는 있다. 그러나 그 때에는 죽음과 질병이 우리의 반항에 대한 처벌로 내려진다. 이와 마찬가지로 우리는 우리가 자의적으로 수정할 수 없는 집단적 사상과 정서의 분위기 속에 묻혀서 살고 있다. 그리고 교육의 실제가 근거하고 있는 것도 바로 이러한 집단적 사상과 정서이다. 집단적 사상과 정서는 그것들이 우리에게 영향을 받지 않는 만큼 우리로부터 떨어져 있는 별개의 현상인 동시에, 또한 우리에게 부과되고 있는 뚜렷하고 특수한 속성을 갖고 있는 실체이다. 그러므로 우리는 이 속성을 정당하게 관찰할 수 있으며, 앎, 그 자체를 유일한 목적으로 그 속성을 탐구할 수 있다. 반면에 모든 교육의 실제는 그것이 무엇이든 또 여러 교육의 실제가 서로 차이가 아무리 크더라도 그들 사이에는 공통적으로 존재하는 하나의 기본적 특성이 있다. 즉 그것은 교육이 한 세대가 다음 세대에게 그들이 살아야 할 사회적 환경에 적응할 수 있도록 영향을 끼쳐 주는 과정이라는 점이다. 모든 교육실제의 여러 모습은 이 기본적 관계가 다양한 형태로 나타난 양식일 뿐이다. 그러므로 교육 실제의 제사례는 동일한 근거에서 나온 사실들이며, 동일한 논리적 범주에 들어가게 된다. 그러므로 교육의 실제는 하나의 학문의 대상이 될 수 있고, 그것은 곧 교육의 과학이 될 것이다.

이제 위와 같은 생각들을 구체적으로 밝히기 위하여 교

육 과학이 다루게 될 주요문제 중 일부를 지적해도 무방할 단계가 되었다.

교육의 실제는 여러 부분들로 구성되어 있다. 이들은 상호간 고립된 현상이 아니라 오히려 구체적 사회의 구체적 목적을 지향하면서 각 부분들이 어떤 보다 높은 통일된 체계와 밀접한 관계를 맺으면서 여기에 공헌하고 있다. 이 통일된 체계가 바로 그 당시의 그 국가에 적합한 교육체계인 것이다. 각국의 국민은 각기 고유의 교육체계를 갖고 있다. 이것은 마치 각국 국민이 고유의 도덕·종교·경제 등에 관한 체계를 갖고 있는 것과 마찬가지이다. 그러나 다른 한편으로는 같은 종류의 국민들, 즉 사회조직의 기본적 특성이 서로 닮은 국민은 유사한 교육체계를 실시해야 한다. 전체적 조직에 있어서의 유사성은 반드시 교육조직에 있어서도 중요한 부분들의 유사성을 동반한다. 따라서 여러 사회에서 유사성을 추출해 내고 차이점을 제거하여 비교함으로써 사회의 유형에 따른 교육의 일반적 유형을 확립할 수가 있다. 예를 들면 씨족사회의 교육의 기본적 특성은 교육이 미분화(未分化)되어 있다는 점이다. 즉 씨족의 모든 성원에 아무런 구별 없이 동일한 교육이 부여되었다. 여기에는 전문교사도 없고, 젊은이의 훈련을 책임진 감독자도 없다. 이러한 역할을 수행하고 있는 사람은 모든 성인, 즉 성인세대의 전원이다. 기껏해야 어떤 종류의 특별히 기본적인 사항을 가르칠 때 특정의 성인이 보다 전문적인 것으로 지명(指名)될 뿐이다. 보다 발달한 사회에서는 이러한 미분화(未分化)현상이 사라지거나 혹은 극히 약화된다. 교육은 특수한 기능인들의 수중에 집중되게 된다. 과거 인도나 이집트에서는 승려가 교육의 기능을 맡았다. 교육은 승려가 가진 권한의 한 가지 속성이었다. 그러나 이제는 이와 같은 일차적 분화 특성이 바뀌어져 가고 있다. 종교생활을 예로 들어볼 때 원래와 마찬가지로 완전한 미분화 상태로 머물러 있지 아니하고, 종교생활을 지휘하고 행정하는 책임을 분담하는 특수기관을 스스로 신설하게 된다. 즉 종교생활이 승려계급이나 카스트 제도와 같은 조직을 가지게 된다. 이렇게 되면 종교의 사색적이고 지적인 측면이 그 이전까지 알려지지 않았던 새로운 발전을 이루게 된다. 최초의 초보적 형태의 학문이며 제학문의 선구자 격인 천문학·수학·우주철학 등이 나타나게 된 것은 바로 이러한 승려사회의 환경에서였다. 이러한 사실은 콩트가 이미 오래 전에 지적한 바 있으며 또 쉽게 설명할 수도 있다. 당시에 존재하던 사색의 내용이나 종류가 어떠하였든 간에 특정집단에만 한정하여 사색을 하도록 한다면 그 조직은 사색을 자극하고 촉진할 것은 당연한 이치이다. 따라서 교육도 초기처럼 아동에게 관례를 가르치거나 특정 행동양식을 훈련시키는 것에 한정하지 않게 되었다. 이 때부터는 특정 수업을 위한 자료가 준비되기 시작했다. 승려는 붕아기(崩芽期)에 있던 과학의 기본요소를 가르쳤다. 이 지식이 즉 이러한 이론적 학습이 오직 그 자체의 목적으로만 가르쳐 진 것이 아니라, 그것이 포함하고 있는 종교적 신념 때문에 가르쳐졌던 것이다. 이러한 지식은 신비로운 특성을 가졌으며 적절하게 종교적 요소로 채워져 있었다. 왜냐하면 이 지식은 종교의 핵심부분에서 유래하여 형성된 것이며 종교와 분리될 수 없는 것이기 때문이다. 한편으로 그리스나 라틴 도시 같은 나라에서는 교육은 분산되어 행해졌으며, 도시국가마다 국가나 가정의 교육 분담비율이 달랐다. 여기에는 승려와 같은 계급이 없었다. 종교에 대한 책임은 국가가 졌다. 국가는 사색적일 필요가 없었고 또 무엇보다도 행동과 실천으로만 지향하였기 때문에 과학의 필요성이 탄생된 곳은 국가 밖이었으며 따라서 종교 외부의 현상이었다. 그리스의 과학자요 철학자들은 사사로운 개인이었으며 평민이었다. 이러한 상황에서는 과학이 반종교적 경향을 쉽게 띠게 되었다. 우리가 지금 관심을 갖고 있는 분야인 교육을 볼 때도 그 결과는 교육이 발생 초기부터 평민적이고 사적인 경향을 띠게 되었다. 아테네의 교사들은 관료적 혹은 종교적 특성을 갖지 않는 평민이었다.

이러한 예를 여러 개 더 들 수는 있으나 예를 든다는 것 외에는 아무 관심도 일으키지 못하는 쓸데없는 일이다. 이상의 예로서도 동일유형으로 분류할 수 있는 사회군(社會群)마다 제각기 달리 가족형태나 국가형태·종교형태가 형성되어지는 것과 마찬가지로 교육의 형태도 달리 형성되어 가는 모습을 충분히 알 수 있다. 그러나 이러한 분류로서 교육문제에 관한 과학적 문제를 모두 파헤치는 것은 못된다. 그것은 다만 보다 중요한 다른 문제들을 해결하기 위한 필요 요소를 제공해 줄 뿐이다. 일단 어떤 유형인가를 밝혀내게 되면, 우리는 그것을 설명할 수 있게 된다. 즉 각 유형들의 특성은 어떤 조건에서 발생하였고, 또 각 특성들은 상호간에 서로 어떤 영향을 미치면서 발생하였는가를 밝혀 낼 수가 있다. 이와 같은 과정을 거침으로써 교육체제의 진화과정(進化過程)에 관한 제법칙을 발견할 수 있을 것이다. 그리고 교육의 발전과정과 그 원인을 설명할 수 있게 될 것이다. 이런 것들이 대단히 이론적인 질문인 것만은 사실이지만, 이러한 질문 중 하나만이라도 해결한다면 실천적 적용에 있어서도 대단히 유용하게 쓰일 것이다.

이상의 연구과제만으로도 이미 과학적 사색의 문이 광범위하게 열려 있다. 그러나 또 다른 연구문제가 이러한 과학적 정신으로 연구될 수 있다. 우리가 위에서 논한 것들은 모두 과거에 관한 것이다. 그 연구결과는 교육제도의 형성과정을 이해하도록 해 줄 것이다. 그런데 그것을 다른 관점에서 파악해 볼 수도 있다. 일단 어떤 제도가 형성되면 일정한 기능을 나타내기 마련이다. 따라서 이 기능을 연구함으로써 그 제도가 발휘한 기능의 결과는 어떠하였으며, 그러한 결과가 나타나게 된 제조건이 무엇인지를 알 수 있을 것이다. 이러한 연구를 수행하려면 상당한 양의 학문적 통계자료가 필요하다. 어느 학교에나 상벌체계가 있게 마련이다. 이 제도의 기능이 학교에 따라, 지역에 따라, 계절에 따라, 또 하루 중 시간에 따라 어떻게 변하는가? 가장 자주 발생하는 교육범죄는 어떤 것이며, 또 이것이 전국적으로 어떤 양상을 나타내며 국가에 따라서 어떻게 달리 나타나는가? 또 이것이 연령이나 가족 내에서의 위치와 어떤 관련을 갖는가? 이러한 문제를 인상적 (印象的) 경험에 그치지 않고 체계적 관찰을 통하여 알아보는 것은 대단히 흥미 있는 일일 것이다. 이러한 연구를 하는 데에 성인범죄와 관련된 많은 문제들이 상당히 유용하게 이용될 수 있다. 성인범죄론이 있듯이 아동범죄론도 있다. 그리고 훈육방법만이 이러한 연구방법으로 탐구할 수 있는 유일한 교육방법은 아니다. 물론 연구에 필요한 도구, 즉 훌륭한 통계자료가 확보되어 있다는 전제 위에서의 이야기지만 이러한 연구방법으로 그 효과를 측정할 수 없는 교육방법은 없다.

II

그런데 그 순수한 과학적 성격에 대해서 이의를 제기할 수 없는 2개의 문제집단이 있다. 그중 하나의 문제집단은 유전(遺傳)에 관한 것이고, 다른 한 집단은 교육제도와 그 기능에 관한 것이다. 이러한 연구는 모두 현재나 과거의 현상을 기술하는 것이든지, 그 원인에 관한 탐구이든지 혹은 그 효과측정에 관한 것이다. 이러한 연구들이 하나의 과학을 구성하게 되어 이것이 바로 교육과학(教育科學)이며, 교육과학으로 될 수 있을 것이다.

그러나 우리가 방금 대충 살펴본 개요로부터도 교육학은 교육과학과 아주 다른 종류의 사색이라는 점이 명백하다. 사실 이들 둘은 동일한 목적으로 연구하는 것도 아니요, 동일한 연구방법을 적용하는 것도 아니다. 교육학의 목적은 언제나 과거의 현상을 기술·설명하는 것이 아니라, 무엇이 있어야만 하는가를 고안해 내는 것이다. 교육학은 과거지향적인 것도 아니요, 현재 지향적인 것도 아닌 미래지향적인 것이다. 그것은 현실태(現實態)를 주어진 것으로 제시하는 것이 아니라 행동을 위한 교훈으로 주장한다. 그것은 이것이 존재요 저것이 존재 이유라고 말하는 것이 아니라 이렇게 행해지지 않으면 안 된다고 말한다. 또한 교육이론가들의 논의는 과거와 현재의 전통적 교육실천방법에 대한 거의 모든 위대한 교육자들이—라블레·몽테뉴·루소·페스탈로찌—혁명적 사상가들이었고 당시 사람들의 실천방법에 대해 반동적이었다. 그들은 다만 비난하기 위하여서만 과거와 현재의 교육제도를 언급하였을 뿐이며, 그 제도들은 본질적으로 근거가 없다고 선언하였다. 그들은 그것을 백지화하고 전혀 새로운 제도를 구상하였다.

문제를 분명히 하기 위하여서는 두 가지 종류의 사색을 조심스럽게 구분하지 않으면 안 된다. 교육학은 교육과학과 다른 그 무엇이다. 그러면 교육학은 무엇인가? 이상적 판단을 하기 위해서는 교육학은 무엇이 아닌가를 아는 것만으로 충분하지 않다. 교육학이 무엇인가를 적극적으로 밝혀내야만 한다.

교육학이 기예(技藝)라고 말할 수 있을까? 이 대답은 명백한 것같이 보인다. 왜냐하면 대개의 경우 과학과 기예, 이 두 개의 극단 사이에 중간단계를 생각하지 않으며, 과학이 아닌 사색의 산물을 모두 기예라고 부르기 때문이다. 이러한 생각은 기예라는 말의 의미를 아주 엉뚱한 사회적 현상까지 포함하게 되는 관점까지 무리하게 해석하는 것이다.

실제로 어떤 사람은 교사가 아동과의 직접 접촉이나 직업의 실무에서 얻은 현장 경험을 기예라고 부르는 사람도 있다. 그런데 이런 경험이 교육학 이론과는 대단히 다르다는 것은 분명하다. 최근의 관찰에서 발견한 아래와 같은 사실은 이 양자의 차이를 분명히 밝혀 주고 있다. 훌륭한 교사라고 해서 교육학적 사색에 반드시 적합한 것은 아니다. 유능한 교사는 자기가 이용하는 여러 방법의 타당한 이유를 분명히 밝히지 않고서도 당연히 해야 할 일을 어떻게 하여야 할지 잘 알고 있다. 반대로 교육학자는 실제에 있어 필요한 모든 기능면에서 부족한 것이 있다. 따라서 우리는 루소에게도, 몽테뉴에게도 한 학급을 완전히 맡기려 하지는 않을 것이다. 더욱이 그 자신 교사였던 페스탈로찌에 대해서까지도 별로 대단한 교사는 아니었다고 말할 수도 있다. 왜냐하면 그는 실패를 여러 번 반복했기 때문이다. 이와 같은 혼란은 다른 영역에서도 발견된다. 정치가의 기술, 즉 공공업무를 다루는 숙련된 기술도 기예라고 한다. 플라톤이나 아리스토텔레스, 루소의 저작은 정치 기예에 대한 명제들이다. 그러나 이 저작들 중에서 과학적 저작을 발견하기는 어렵다. 왜냐하면, 그들의 목적은 현실의 연구가 아니라 이상의 설계였기 때문이다. 그러나 사회계약론 같은 저작이 필요로 하는 정신과정과 국가의 실제행정이 요구하는 정신과정의 양자 사이에는 커다란 간격이 있다. 루소는 교사로서 대단히 시시하였던 것과 마찬가지로 만약 그가 행정가였다면 대단히 미비한 행정가에 지나니 않았을 것이다. 이와 마찬가지로 의학에서도 가장 훌륭한 의학자가 가장 유능한 임상 의사는 결코 아니다.

그렇다고 하면 이와 같이 서로 그 성질을 상당히 달리하는 두 가지 종류의 활동을 각각 다른 단어로 표시하는 데는 한 가지 이점이 있다. 이론은 없어도 순순히 실천만 의미하는 것에 한하여 기예라고 부를 필요가 있다. 교사의 기예, 법관의 기예, 군인의 기예라고 할 때, 모든 사람이 이런 의미라고 이해하게 된다. 기예는 특정 목적을 지향한 행동양식의 체계이며 그것은 교육에 의해 전달된 전통적 경험이나 개인적 경험으로 이루어진 행동양식의 체계이다. 우리는 직접 사물에 행동을 가하여 접촉해 봄으로써 또 사상을 직접 취급해 봄으로써 기예를 습득할 수 있다. 기예가 사색의 도움을 받아 더욱 계발될 수 있다는 것은 의심할 바 없는 사실이다. 그러나 사색은 기예의 기본적 요소가 아니다. 왜냐하면 기예는 사색을 하지 않아도 있을 수 있기 때문이다. 또한 만사의 제측면을 모두 다 감안하여 반영하고 있는 기예란 하나도 없는 법이다.

그러나 이와 같이 정의한 기예와 정확한 의미의 과학 사이에는 중간적 정신태도가 개재할 수 있는 여지가 있다. 지정된 방법으로 사회적 현상이나 존재에 행동을 직접 취하지 않고 그 대신 현실의 행동과정을 다음과 같이 심사숙고해 보는 태도이다. 행동과정을 이해하거나 설명하려는 것이 아니라, 그것이 어떤 가치가 있는가를 평가하고, 또 의당 존재하여야 할 형태로 존재하고 있는지, 아닌지를 판단하고, 수정해야 할 필요가 있는지 없는지, 있다면 어떤 방법으로 가능하며 나아가 완전히 새로운 과정으로 대체시키는 것이 바람직한 것인지 아닌지를 평가하는 것이 중간적인 정신태도인 것이다. 이와 같은 사색은 이론의 형태를 띠는 게 대부분이다. 그것은 관념의 연합이지 사실의 연합은 아니며, 이런 의미에서 그것은 보다 과학에 가까운 것이다.

그러나 이와 같이 연합된 관념(觀念)의 목적은 주어진 사상의 본질을 파헤치는 것이 아니라 행동을 지도하려는 데 있다. 이 관념이 바로 행동은 아닐지라도 그것은 안내적 기능을 가지고 있으며 행동과 밀접히 관련되어 있다. 그것이 행동은 아니라 하더라도 최소한의 행동지침을 가지고 있으며 이런 점에서는 기예적 측면을 갖고 있는 것이다. 의학·정치학·전략론 등이 그러한 예이다.

이와 같이 두 가지 측면의 특성을 가진 사색을 표시하기 위하여 실천적 이론이라는 명칭을 쓸 것을 제안하고 싶다. 교육학은 이런 의미의 실천적 이론이다. 교육학은 교육체계를 과학적으로 연구하는 것이 아니라 교사의 활동을 안내할 수 있도록 교육체계에 대하여 반성적 사고를 하는 것이다.

III

그러나 교육학을 이렇게만 이해한다면 간과할 수 없는 반론을 막을 수 없다. 물론 확고하게 입증된 과학에 근거할 수 있을 때에는 실천적 이론이 가능하고 또 타당하다고 할 수 있으나, 이 때의 실천적 이론은 다만 과학을 적용하는 것일 뿐이다. 실제로 이런 경우는 이론적 개념으로부터 어떤 실천적 결과를 연역해 내고, 그 결과에서 도출된 결론이 갖는 과학적 가치는 이론적 개념들이 갖고 있는 것으로부터 나온다. 이와 같이 응용화학은 순수화학의 이론을 실제에 적용시키는 실천적 이론이다. 그러나 실천적 이론은 그 기본개념을 빌려온 과학과 같은 정도만큼의 가치를 갖고 있을 뿐이다. 그러면 교육학은 어떤 과학의 이론을 기반으로 삼을 수 있는가? 첫째로 교육과학이 있다. 왜냐하면 교육이 어떠해야 한다는 당위성을 알려면 무엇보다도 먼저 교육의 본질이 무엇이며, 그 제반조건, 역사적 전개의 법칙을 알 필요가 있기 때문이다. 그러나 교육과학은 유치한 단계에 있다. 이밖에도 한편으로는 일반적 방법론과 교육목적 설정에 관해서 교육학에 공헌할 수 있는 사회학의 한 분파가 있고, 다른 한편에는 교수과정의 절차를 상세히 결정하는 데 유익하게 이용될 수 있는 심리학이 있다. 그러나 사회학은 신생 학문이며 따라서 확고하게 설정된 명제는 거의 없다. 심리학은 모든 사회과학보다는 일찍이 확립되긴 하였으나, 온통 논란 투성이다. 심리학적 문제는 아직도 모든 영역에 걸쳐 서로 모순되는 명제가 주장되지 않은 영역이 없다. 따라서 이렇게 불확실하고 불완전한 과학적 자료에 근거를 갖고 있는 실천적 결론이 무슨 가치가 있을 것인가? 근거가 없거나 또는 있다고 하더라도 극히 빈약한 근거를 갖는 교육학적 사색의 가치는 무엇이겠는가?

우리는 교육학을 불신하도록 하는 사실에 대해서는 논박할 여지를 갖고 있지 못하다. 확실히 교육과학은 아직도 충분히 입증되어야 할 여지가 많고 사회학과 심리학은 아직 충분히 발달되지 못하였다. 그러므로 만약 우리가 기다릴 수만 있다면 이러한 제 과학들이 발달하여서 보다 확실성을 갖게 될 때까지 참는 것이 신중한 방법일 것이다. 그러나 문제는 우리가 기다릴 수 없다는 데 있다. 우리는 교육의 문제를 마음대로 제시하거나, 혹은 제시하지 않거나 할 수 있는 것이 아니며, 또 마음대로 연기할 수 있는 것도 아니다. 교육 문제는 우리에게 주어지는 것이다. 아니 오히려 교육현상과 사실과 생존의 필요성이 우리에게 문제를 부과시키는 것이다. 그러나 이것으로 이야기의 전부가 끝난 것은 아니다. 우리는 이미 시작하였으며 또 계속하지 않으면 안 되는 교육제도를 갖고 있다. 여러 가지 점에서 전통적 교육체제는 우리의 사상이나 필요에 이제 맞지 않게 되었다. 우리는 다만 다음 두 가지 중에서 하나를 선택해야 할 입장에 있을 뿐이다. 현재 상황의 긴박성에 대해 이미 전혀 대답을 주지 못하는 한이 있더라도 과거로부터 물려받은 실천방법을 그대로 보존하는 방법과, 아니면 필요한 수정이 무엇인가를 발견해 내어 혼란상태를 조화롭게 전면적으로 재확립하는 방법이 그것이다. 이 양자 중에서 전자는 비현실적이며 아무 소득도 없는 것이다. 시대에 뒤떨어지고 믿을 수 없는 제도에 억지생활과 겉치레의 권위만을 부여하려는 이러한 시도만큼 무익한 것은 없다. 실제는 명약관화한 것이다. 이러한 제도가 내포하고 있는 생각과 반대되는 생각이 안 날 수가 없다. 또 이러한 제도와 대립되는 새로운 필요에 대해 침묵을 지킬 수도 없다. 그러므로 이에 대해 투쟁하려는 힘은 승리할 수밖에 없는 것이다.

우리는 다만 용감하게 일을 착수하여 지시된 방향을 향한 변화를 탐구하고 실현하면 된다. 그러나 반성적 사고를 하지 않는다면 어떻게 이런 것들을 발견해 낼 수 있을까? 전통이 틀렸을 때 전통 속에 내재하는 간격을 메울 수 있는 사람은 오직 생각하는 사람뿐이다. 그런데 교육학이 교육의 발전을 도모할 목적으로 교육현장을 가능한 한 체계적으로 적응하는 반성적 사고임을 부정한다면, 교육학은 도대체 무엇인가? 우리가 이 문제를 해결하기에 적당한 요소를 모두 수중에 갖고 있는 것이 아니라는 점은 명백하다. 그러나 이 점 때문에 그 문제를 해결하려고 노력하지 않아도 좋다는 이유는 못된다. 왜냐하면 교육문제는 해결되지 않으면 안 되기 때문이다. 우리는 오류를 범할 확률을 최소로 줄이기 위해 최선을 다해서 할 수 있는 한 많은 교훈적 사실을 수집하고, 그것을 방법론적으로 해석할 수 있을 뿐이다. 이것이 교육학자의 임무이다. 과학이 충분히 발달하지 못했다는 것을 구실로 사건이 대행진을 하고 있는 데도 불 참여를 권장하고 방관자로 남아 있거나 혹은 최소한 체념하기를 권하고 있는 과학적 순수주의처럼 백해무익한 것은 없다. 궤변에도 무지로부터 나오는 궤변이 있다. 그리고 무지의 궤변보다 덜 위험하긴 하지만 과학의 궤변도 있다. 이런 조건하에 행동을 취한다는 것은 틀림없이 위험을 무릅쓰게 된다. 그러나 위험을 무릅쓰지 않고는 아무런 행동이 진전되지 않는 법이다. 과학이 아무리 발달하더라도 위험을 없애는 방법은 모를 것이다. 우리에게 요청되는 일은 비록 불완전하다 하더라도 우리의 모든 지식과 능력을 가능한 한 최선의 방법으로 예상되는 위험 속에 투입하여 적용하는 일 뿐이다. 그리고 이것이 바로 교육학의 역할인 것이다.

그러나 교육학은 시대의 요구에 맞춰서 교육제도를 개선해야 할 필요가 긴박한 중요한 시기에만 유용한 것은 아니라 오늘날에 이르러서는 교육학은 교육의 필수불가결한 보조 자료로 되었다.

그 이유는 교사의 기예가 주로 직관적인 실천으로 구성되었다 하더라도 그것은 지성(知性) 없이는 이루어질 수 없는 일이기 때문이다. 사색이 기예를 대체할 수 없지만 기예 또한 사색 없이는 안 된다. 최소한 사람들이 어느 정도 문명의 단계에 도달하였을 때에는 더욱 그렇다. 개성이 인간성에 대 지적 · 도덕적 문화의 기본적인 요소라고 한다면 교사는 아동 각자의 내부에 있는 개성의 근원을 참고해야만 한다. 교사는 모든 수단을 동원하여 개성의 발달을 촉진시키도록 노력하여야 한다. 융통성 없이 비정적이고 획일적인 규칙을 똑같이 적용할 것이 아니라 아동의 기질과 지능에 따라 다양한 방법을 구사해야 한다. 그런데 수많은 아동 하나하나에게 교육의 실제가 적절하게 적응하려면 교육의 실제가 무엇인가를 알아야 한다. 즉 그 실제를 구성하고 있는 수많은 과정들의 성립근거와 이 과정들의 효과 등을 알아야만 한다. 한마디로 교육의 실제에 대해 교육학적 사색을 해야 할 필요가 있다는 것이다. 경험적이고 기계적 교육은 억압적이며 다양성을 없애는 교육밖에 될 수 없다. 다른 한편으로는 역사적으로 살펴볼 때 사회진화의 템포는 점점 더 빨라지고 후 시대는 전 시대와 양상이 다르며 각 세대마다 독자적인 유형을 갖고 있다. 새로운 필요와 사상이 끊임없이 발생한다. 이렇게 관습이나 의견이 끊임없이 변화함에 따라 교육도 스스로 변하여 적응하도록 하여야만 한다. 따라서 교육은 변화를 허용할 수 있을 만큼 충분히 융통성을 갖추고 있어야 한다. 교육이 관례의 지배에 빠지지 않고 또 기계적이며 고정된 자동 케이스적인 활동으로 타락되지 않도록 방지하는 유일한 깊은 반성적 사고를 통하여 교육을 끊임없이 적응적(適應的)으로 유지시키는 일이다. 교사는 자기가 이용하고 있는 방법과 그 목적 및 존재 이유를 고려해 보아야 하며 추구하는 목적이 달라졌다거나 수단이 변해져야 한다고 확신이 서면 그것을 판단할 수 있는 입장에 있는 교사는 즉시 수정해야 한다. 반성적 사고는 상규적(常規的) 행동에 대한 훌륭한 대항세력인 반면, 상규적 행동은 필요한 발전을 저해하는 장애물이다.

서두(序頭)에서 이미 말한 바와 같이 교육학이 역사상 간헐적으로 대두되었던 것이 사실(史實)이다. 그러나 위와 같은 이유에서 볼 때 교육학은 점차적으로 사회생활의 지속적 기능으로 되어 가고 있다는 것을 추가적으로 언급해 둘 필요가 있다고 생각된다. 중세기에는 교육학의 필요를 느끼지 않았다. 중세기는 모든 사람이 똑같이 생각하고 똑같이 느끼는 동조의 세기였다. 정신을 획일적으로 모두 똑같은 주형으로 형성하고, 의견의 개인적 차이는 거의 희귀했으며 배척되기까지 했던 동조의 시대였다. 따라서 교육은 개인에 대한 고려와는 전혀 관계가 없었다. 중세기의 교육에서는 교사가 모든 학생들에게 집단적으로 설교하고, 자기의 가르침이 아동개개인의 본성에 적합한지 않은지에 대해서는 전혀 고려조차 하지 않았다. 아울러 항구불변(恒久不變)의 신념 때문에 교육체제의 급진적 진화는 항상 장벽에 부딪쳤다. 이 두 가지 이유 때문에 당시의 교사들은 교육학적 사고의 안내를 별로 받을 필요가 없었다. 그러나 르네상스 시대에 와서는 모든 것이 변하게 된다. 그들이 당시까지 흠뻑 빠져 있었던 사회대중에서부터 개성 있는 사람이 나타나기 시작하였다. 정신은 다양화하기 시작하였고 동시에 역사적 발달은 가속화되었고, 신문명도 형성되었다. 이러한 제변화를 충족시키기 위하여서 교육학적·반성적 사고도 발생하게 되었다. 그 후 늘 똑같은 수준으로 지속되어 온 것은 아니었지만 이제 다시는 교육학이 사라지지 않게 되었다.

그러나 교육학적·반성적 사고가 교육학에 대한 기대를 만족시켜 줄 만큼 효과적으로 되기 위하여서는 교육학이 상당한 수준으로 발달하여야만 한다.

① 우리는 이미 교육학이 교육과는 다른 것이며 교육을 대신할 수도 없다는 것을 알았다. 교육학의 역할은 교육 실천을 대신하는 것이 아니라 교육 실제를 지도하고 계몽하고 보완하며, 나아가서 필요하면 교육의 낙후성을 메워 그 부적절 성을 개선하는 것이다. 그리고 교육자는 마치

자신들 앞에 아무것도 존재하지 않았던 것처럼 전혀 새로운 교육체제를 구축할 것이 아니라 오히려 시대의 교육체제를 올바로 알고 이해하는 데 전력을 기울여야 한다. 이러한 조건 위에서만 교사는 분별 있게 교육에 관한 제도와 방법을 활용할 수 있을 것이며, 그 결점이 무엇인지 알게 될 것이다.

그러나 교육제도를 이해하기 위해서는 그것을 오늘날 존재하고 있는 현재 상태만을 고려하는 것으로는 불충분하다. 왜냐하면 이 교육제도는 역사만이 설명할 수 있는 역사의 산물이기 때문이다. 교육제도는 일종의 사회제도인 것이다. 한 나라의 전 역사를 교육처럼 완전히 반영하는 것은 거의 없다는 것도 사실이다. 프랑스의 학교는 프랑스의 정신을 해석하고 표현한다. 국민정신과 그 구성요소가 무엇이고, 영원 심오한 대의(大義)가 무엇이며 또 우연적이고 과도기적인 요인 때문에 발생한 것이 무엇인지를 모를 때는 교육제도가 무엇이고 학교가 추구하는 목표가 무엇인지 전혀 알 수가 없다. 이러한 문제들이 바로 역사적 분석만이 해결할 수 있는 문제들이다. 학교제도의 전 체계와 사회생활의 양 맥락 속에서 초등학교의 위치를 어떻게 규정할 것인가에 대한 집중적인 논의가 있었다.

그러나 이 문제는 우리의 학교조직이 역사적으로 어떻게 형성되었으며 어떻게 해서 독자적인 특성을 갖게 되었으며 과거에 초등학교에 주어졌던 지위는 무엇 때문에 그렇게 주어졌으며, 이러한 발전을 방해 내지는 촉진한 요인은 무엇인가 하는 등의 문제를 모른다면 상기(上記) 문제의 해결은 불가능하다.

그러므로 교육사, 적어도 국민교육사(國民敎育史)는 교육문화에 대한 입문지식 중에서 가장 으뜸가는 것이다. 초등교육학이 문제일 때에는 초등교육사를 알아야 한다는 것은 당연하다. 그러나 우리가 방금 제시한 이유 때문에 초등교육이라 하여 학교 제도의 전체 체계로부터 분리될 수 있는 것은 아니다.

그러나 교육체계가 과거로부터 시행되어 온 교육의 관례나 방법 등의 유산만으로 구성되어 있는 것은 아니다. 나아가 우리는 교육체계에서 미래에 대한 지향, 새로운 이상을 향한 정열을 찾아 볼 수 있다. 이러한 정열들이 학교현실에서 어떤 위치를 차지해야 하는가를 정당히 평가하기 위해서는 그것을 상세히 알아야 할 필요가 있다. 이런 정열은 교육사상에서 발견할 수 있으며, 이 사상의 역사가 교육사를 이루어야 한다.

교육사 연구를 함에 있어서 아주 먼 과거까지 거슬러 올라가지 않고서도 간편하게 그 연구 목적을 적절히 달성할 수 있다고 생각할 수도 있다. 현존하는 여러 가지 상충되는 이론만 아는 것으로 충분하지 않은가? 전세기(前世紀)의 이론은 모두 시대에 뒤떨어진 것이며 학문적 관심사 이외에는 아무런 가치가 없는 것으로 보일 수도 있다.

　그러나 이러한 현대주의(現代主義)는 교육학적 사고를 유지시켜 주고 있는 주요 원천 중의 하나 밖에 세련시켜 주지 못한다고 우리는 믿는다.

　사실 대부분의 이론은 어제 갑자기 발생한 것이 아니다. 그것은 선행이론(先行理論)의 산물이며, 따라서 선행이론을 알지 않고는 이해할 수가 없다. 그러므로 중요한 교육학적 사상의 흐름을 결정한 원인을 발견해 내려면 하나하나 단계적으로 먼 과거까지 거슬러 올라가 볼 필요가 있다. 이러한 과정에서만이 예리한 관심을 불러일으키고 있는 새로운 견해가 그럴 듯하지만 곧 사라질 운명에 처한 즉석 작품이 아니라는 것을 확신할 수 있을 것이다. 예를 들면 실학주의 교육으로 불리는 실물 시범학습의 경향을 이해하려면 요사이 이 사람 저 사람이 어떻게 설명하는가를 아는 것만으로 만족해서는 안 된다. 그것이 시작된 시기, 즉 프랑스의 18세기로 거슬러 올라가야만 하며 몇몇 신교 국가의 17세기 말까지 거슬러 올라가 봐야 한다. 오로지 이러한 방법으로 그 기원과의 연관성을 발견할 수 있으며, 나아가 실학주의 교육자들이 새로운 면모를 가진 것을 알수 있을 것이다. 이렇게 함으로써 실학주의 교육이 유럽 사람들이 가졌던 심오하고 비개인적인 의도에서 나온 것이라는 것을 보다 잘 이해할 수 있을 것이다. 동시에 그 의도가 무엇이고 이 운동의 진면목을 보다 잘 이해할 수 있는 위치에 설 수 있을 것이다. 그러나 다른 한편으로는 이러한 교육사상의 흐름은 그와 반대되는 교육사상의 흐름, 즉 인문주의적이고 교과서 위주의 교육에 반대하여 확립된 것이다. 그러므로 후자를 앎으로써만 전자를 정당하게 평가할 수 있을 것이다. 따라서 우리는 역사를 더욱 더 멀리 거슬러 올라갈 필요가 생기게 되며 나아가 교육학설사가 가장 실효적으로 되려면 교육사와 분리되어서는 안 된다. 우리는 설명의 편의상 양자를 구분하였지만 사실은 서로 관련되어 있는 것이다. 왜냐하면 각 시대마다 이론은 교육의 실제상태에 의존하는 것이며, 이론이 실제와 반대되는 경우일지라도 마찬가지이다. 그리고 이론이 적당한 영향을 미치는 그 정도가 바로 이론이 교육의 실제에 공헌하는 정도이다.

이와 같이 교육문화(敎育文化)는 광범한 역사적 기반을 갖추어야 한다. 교육학이 과거에 받았던 비판을 다시 받지 아니하고 과거에 끼쳤던 편견적 영향을 다시는 주지 않으려면 교육학은 역사적 기반을 갖추어야 한다. 유명한 사람들까지 포함하여 너무나 많은 교육학자들이 자기 이전에 존재했던 체제들을 고려하지 않은 채 새로운 체제만을 설정하려고 시도해 왔다. 이러한 점에 대해서 가르강튀아(Gargantua)에게 새로운 방법을 제시할 때에 사전에 뽀노끄라뜨(Ponograts)가 사용한 처치법이 의미심장한 뜻을 시사하고 있다. 뽀노끄라뜨는 가르강튀아가 '과거의 교사에게 배운 모든 것'을 잊어버리도록 '안피시리아 세척제'로 그의 두뇌를 세척하였다. 이것은 새로운 교육학이 이전의 교육학과 전혀 공통된 점을 갖고 있지 않다는 것을 우화적으로 말해 주고 있다. 그러나 이것은 동시에 교육학자들이 실제의 조건을 무시했다는 것을 의미하기도 한다. 미래는 무(無)에서 발생하지는 않는다. 우리는 미래를 과거가 남겨준 자료를 가지고서만 건설할 수 있을 뿐이다. 사회적 현상의 실제와 정반대로 설계한 이상은 현실에 뿌리박지 못했기 때문에 실현 가망성이 없다. 또 과거는 그것대로의 존재이유가 있었다는 것도 확실하다. 과거가 만약 그 이튿날 아침까지 완전히 사라지지 않고 남아 있을 그런 정당한 요구에 응답하지 않았다면 과거는 존재하지 못하였을 것이다. 과거를 완전히 무시하게 되면 반드시 긴급한 필요를 무시하게 되는 결과를 초래할 것이다. 바로 이러한 이유 때문에 교육학이 역사상 자주 이상을 그린 문헌으로만 나타났던 것이다. 루소의 방법이나 페스탈로찌의 방법이 전적으로 적용되는 아동이 있다면 우리는 그 아동을 동정할 수밖에 없다. 이러한 이상향(理想鄕)이 역사상 중요한 역할을 할 수 있었다는 것은 의심할 여지가 없다. 이상론이 갖는 극단적인 단순주의는 이상론을 사람들로 하여금 대단히 인상적으로 받아들이게 했고, 또 실천으로 옮겨 보도록 자극하였다. 그러나 무엇보다도 이러한 이점을 다른 결점이 없이는 존재할 수 없다. 나아가 모든 교사들이 실무를 수행하는 데 안내 역할을 하고 지침도 줄 수 있는 일상의 교육학을 위해서는 보다 덜 강렬하고 보다 덜 일방적인 교육이 필요하며, 보다 다양하고 좋은 방법과 이러한 현실감각과 불가피하게 부딪치는 수많은 난관에 대한 보다 예리한 인식도 필요로 한다. 문화를 역사적으로 잘 이해한다면 바로 이와 같은 인식을 심어줄 수 있는 것이다.

② 교육사와 교육학사만이 특정시기에 추구해야 할 교육의 목적이 무엇인가를 결정하도록 해 준다. 그러나 이러한 목적의 달성에 필요한 수단에 대해서는 심리학에 의존하지 않으면 안 된다.

사실 한 시대의 교육 이상은 당시 사회의 제상황을 표현한다. 그러나 이러한 이상이 실현되기 위해서는 아동의 의식을 그 이상으로 향하여 형성할 필요가 생긴다. 그런데 의식은 그 자체의 법칙을 갖고 있다. 적어도 우리가 경험적 시행착오를 최소로 줄이려고 노력해야 한다면(사실 이것이 교육학의 목적이다), 우리는 이 의식의 법칙들을 조절할 줄 알아야 한다. 행동을 특정방향으로 자극하기 위해서는 행동의 원인과 이 원인의 본질이 무엇인지를 또한 알아야 한다. 왜냐하면 적절한 영향을 줄 수 있으려면 지식에 기반을 두어야 하고 이러한 조건이 성립되어야만 가능하기 때문이다. 예를 들어 애국심이나 인류에의 고양(高揚)이 문제라고 하자. 소위 성향·습관·욕망·정서 등으로 부르는 제현상의 총체, 이것들에 영향을 미치는 제조건의 총체, 아동에게 이것들이 나타나는 형태의 총체에 관하여 보다 완전하고 보다 구체적인 개념을 우리가 갖게 된다면 도덕적 감수성을 어떤 방향으로 형성하는 방법을 우리는 더 잘 알게 될 것이다. 이러한 성향에서 어떤 씨족이 할 수 있었던 바람직하거나 혹은 바람직하지 못한 경험의 산물을 파악하느냐 못하느냐에 따라, 혹은 반대로 성향(性向)의 기능에 수반되는 정의적 상태의 저변에 깔려 있는 원초적 사실을 파악하느냐 못하느냐에 따라 성향의 기능을 조절하기 위해 사용하는 방법이 아주 달라질 것이다. 이러한 문제를 해결에 줄 수 있는 것은 심리학, 더 구체적으로는 아동심리학의 임무이다. 설혹 심리학이 목적을 정립하는 데는 부적당하더라도—왜냐하면 목적은 사회조건에 따라 변화하기 때문이다—방법의 개발에는 유용한 역할을 해 내리라는 것은 의심할 바 없다. 그리고 어떠한 방법이라도 모든 아동들에게 똑같은 양식으로 적용될 수는 없기 때문에, 지능과 성격이 다름에 따라 가르칠 수 있도록 알려 주는 것도 또한 심리학이다. 그러나 불행하게도 이러한 절실한 요구를 만족시켜 줄 만한 시대는 아직 우리에게서 멀리 떨어져 있다.

교육자에게 특별히 중요한 심리학의 영역이 있다. 그것은 집단심리학(集團心理學)이다. 사실 학급은 하나의 작은 사회이며, 따라서 독립된 개체의 단순한 집합인 것처럼 취급되어서는 안 된다. 학급 속의 아동은 그들이 혼자 있을 때와는 다른 양상으로 생각하고 느끼고 행동한다. 학습상황에서는 감염현상(感染現象)과 집단적 사기저하, 상호 과잉흥분, 전반적으로 들뜬 상태 등이 형성되며, 이런 것들 중에서 어느 것을 방지하고 또 어떤 것을 조장하여 이용하려면 그것들을 식별할 줄 알아야 한다. 이 방면에 관한 학문이 아직 대단히 미약하지만, 무시 못 하리 만큼 중요한 몇몇 명제를 발달시키고 있다.

이상에서 살펴본 것들이 교육학에서 반성적 사고를 일깨워 주고 계발시켜 주어야 할 주요 원리들이다. 교육학을 방법에 대한 추상적인 규정집(規定集)으로 내버려두지 않고—이것은 사고방법이 너무 다양하고 복잡하여 만족스럽게 실현되기는 거의 불가능한 시도이다—교육자를 어떻게 양성하여야 하는가에 대한 우리들의 생각을 지적하는 것이 바람직한 것 같다. 교육자는 그들이 다루게 될 문제에 대한 구체적인 지적 태도를 이렇게 하여 형성한다.

제3장

교육학과
사회학의 관련

교육학과 사회학의 관련

신사 여러분!

프랑스가 초등교육 개선문제와 관련하여 크게 신세를 지고 있는 고매한 지성인과 확고한 의지를 가진 분을 대신하여 본인이 이 자리에 서게 된 것을 나는 대단히 영광스럽고 가치 있는 일로 생각한다. 보르도 대학에서 교육학을 가르치던 지난 15년 동안 나는 프랑스 학교 교사들과 가까이 접촉할 수 있었다. 이 시기에 나는 뷔송(M. Buisson)의 이름을 결정적으로 남겨 놓을 저작(著作)을 직접 볼 수 있었기 때문에 그 전반적 개요에 대해 알고 있다. 무엇보다도 교육제도에 대한 개혁이 실시될 때의 모습을 회고해 볼 때, 그 동안 쌓아 올린 성과의 중요성과 신속한 진보에 대해 경탄을 금할 수 없다. 학교는 수적으로 증가되었고, 그 모습도 현저하게 변형되었으며, 합리적 방법이 과거의 상투적인 방법을 대체하였을 뿐만 아니라, 교육문제에 대한 사고에도 새로운 자극을 주었고 창의에 대한 자극이 일반적으로 부여되게 되었다. 이러한 것들이 프랑스 국민교육사에서 발생하였던 가장 위대하고 다행스러운 교육 혁명사를 구성하고 있다. 그런데 뷔송이 자기의 과업이 성취되었다고 판단한 뒤에는, 자기 특유의 경험에서 나온 결론을 대중에게 가르치고 알리기 위하여 그가 심혈을 기울였던 직무를 그만 둔 것은 학문의 입장에서 보면 대단히 다행스런 일이었다. 그의 위대한 실천경험은 광범한 철학으로 보강되었고 동시에 모든 혁신에 대해 신중하면서도 호기심에 가득한 것이었다. 따라서 이 위대한 경험은 그의 말에 대단한 권위를 부여했다. 또 그의 인격에서 우러나온 도덕적 명망(名望)과 그가 일생을 바친 대의명분에 아로새겨진 헌신의 기억은 이러한 권위를 더욱 높였다.

그러나 나는 이와 같이 탁월한 재능은 아무것도 여러분에게 주지 못한다. 그러기 때문에 내 과업의 어려움을 깨닫고 깜짝 놀랄 뻔하였다. 다행히도 나는 이 복잡한 문제들도 여러 위인들에 의해 여러 가지 관점에서 유익하게 연구될 수 있었다는 생각으로 나 자신을 다짐함으로써 놀라지는 않았다. 내가 여러분에게 교육에 관해 이야기하고자 하는 입장은 무엇보다도 하나의 사회학자의 입장에서 이야기하고자 한다. 나아가 이러한 관점에서 이야기를 진행하는 것이 현상을 편견 섞인 조회망(照會網)으로 보는 것이 아니라, 오히려 현상의 참 본질을 설명하는 방법으로서 이보다 더 적절한 방법은 없다고 확신한다. 모든 교육학적 사고(思考) 중에서 가장 으뜸 되는 공리(公理)는 교육이 그 기능면에서 뿐만 아니라 그 기원에서도 분명히 사회적 현상이라는 것이다. 따라서 교육학은 다른 어떤 과학보다도 사회학에 밀접하게 의존하고 있다고 나는 생각한다. 아울러 내가 전에 다른 대학에서 실시했던 이와 유사한 강의에서 이미 그랬던 것처럼 이와 같은 생각이 나의 모든 수업에 풍미(風靡)했다. 그러므로 여러분들이 이러한 생각을 궁극적으로 적용할 수 있도록 하기 위하여 이 첫 강의를 특별하게 전개하는 것이 적당하다고 생각한다. 단 하나의 강좌에서라도 이러한 생각을 명백하게 설명하는 것이 불가능하지는 않다. 그 적용범위가 대단히 광범한 아주 일반적인 원리는 점진적이고 계속적으로 증명해야 한다. 이 증명을 할 때에는 구체적 사실에 접촉하고 그 원리가 구체적 사실에 어떻게 적용되는지를 살펴봐야 한다. 그러나 현재로서 가능한 것은 전체적인 개관을 여러분에게 제시할 수 있을 뿐이다. 즉 탐구의 제일보부터 시작하여 이 원리를 수긍하는 중요 이유들을 여러분에게 제시하는 것이며(이것이 다만 잠정적인 것이고 필수적 증명에 부수적인 것일지라도), 마지막으로 이 원리의 범위와 제한점을 밝히는 것이다. 이것이 바로 이 첫 강의 목표다.

I

다음과 같은 기본적 공리(公理)가 일반적으로 잘 이해되고 있지 않기 때문에 그것에 여러분의 주의를 집중시킬 필요가 절실하다고 본다. 최근까지―그리고 아직도 예외는 있지만―현대 교육학자들은 교육은 분명히 사적인 것이며 따라서 교육학의 건설은 목전(目前)에서 직접적으로 심리학에서 추론하는 것만으로 충분하다는 데 이구동성으로 의견의 일치를 보고 있다. 밀(J. S. Mill)과 마찬가지로 칸트도, 스펜서와 마찬가지로 헤르바르트도 그랬듯이, 교육의 목적은 가능한 한 인간의 특성을 최고도 달성시킴으로써 각 개인에게 인간특성을 실현하는 것이었다. 인간이

처하고 있는 역사적 · 사회적 조건이 아무리 다르더라도 인간이면 누구에게나 동일하게 적절히 적용될 수 있는 단 한 가지의 교육이 있다는 것을 자명한 명제로 그들은 취급하였다. 그리고 교육이론가들이 결정하고자 한 것이 바로 이러한 추상적이고 유일한 이상(理想)이었다. 그들은 한 가지의 인간 본성의 유형과 속성은 확정적으로 결정될 수 있는 것이며, 교육학적 문제는 이러한 인간본성에 교육의 영향을 어떻게 미쳐야 할 것인가를 결정하는 것으로 구성된다고 가정하였다. 의심할 것 없이 인간은 생명을 부여받은 첫 순간부터 그가 될 수 있고 또 되어야 하는 완전한 인간의 모습을 생각해 낸 사람은 아무도 없다. 인간은 출생할 때부터 시작하여 성숙(成熟)으로 끝나는, 점진적으로 성장을 하는 과정에서 점진적으로 형성된다는 것은 극히 명백한 사실이다. 그러나 그들은 이 성장이 다만 가능성의 실현일 뿐이요, 또 아동의 육체적 · 정신적 유기체 속에 완전히 형성되어 있는 잠재적 에너지를 구현하는 것일 뿐이라고 가정하였다. 만약 이 가정이 옳다면 교사는 자연의 작품에 중요한 것은 아무것도 첨가하지 못하는 것이 된다. 그는 새로운 것이라곤 아무것도 창조하지 못할 것이다. 교사의 역할이라곤 기껏해야 이 기존의 가능성이 오용(誤用)되거나 쇠퇴하지 않도록 방지하는 것이나, 가능성이 본래 지향하는 방향에서 벗어나지 못하도록 보호하는 것이나, 너무 느리게 전개되지 않도록 방어하는 데 제한될 것이다. 그러므로 시간과 공간의 조건, 즉 사회 환경의 상태는 교육학의 관심 밖에 있게 된다. 인간은 자신 내부에 발전의 모든 가능성을 가지고 있기 때문에 이 발전을 어떤 방향으로 어떤 방법을 써서 지도할 것인가를 결정하려 할 때에 인간을 관찰해야 하고 인간만 관찰하는 것으로 충분하다. 중요한 것은 인간 본유(本有)의 능력이 무엇이고 그 능력의 본질이 무엇인가를 아는 것이다. 그런데 개인을 기술(記述)하고 설명하는 과학은 심리학이다. 그러므로 교육학자의 모든 필요를 심리학이 충족시켜 주어야 할 것처럼 보인다.

불행하게도 교육에 대한 이러한 개념은 역사가 우리에게 가르쳐 준 모든 교훈과 절대적으로 모순되고 있다. 실제로도 이러한 의미의 교육을 받은 사람은 단 한 사람도 없다. 무엇보다도 먼저 모든 인종에게 보편적으로 타당한 하나의 교육이 있기는커녕, 서로 다른 교육체계(教育體系)가 여럿이 공존하지 않거나 병행하여 작용하지 않는 사회는 없다고 말할 수 있다. 사회가 계급제도로 형성되어 있던 때는 교육도 계급에 따라서 달랐다. 귀족의 교육은 시민의 교육과 달랐으며, 브라만의 교육은 수드라의 교육과 달랐다. 마찬가지로 중세시대에도 어린 수습기사들이 받았던, 기사가 갖추어야 할 각종 기술로 이루어진 기사도문화(騎士道文化)와 교구학교에서 수학과 음악·문법을 겉핥기식으로 배운 농노문화(農奴文化)와의 차이는 참으로 큰 것이 아닌가! 오늘날에 조차도, 교육이 사회계급이나 지방에 따라서 달라짐을 목격하고 있이 않은가? 도시의 교육은 농촌의 교육이 아니며, 중류계급의 교육은 노동자의 교육이 아니다. 이러한 조직이 도덕적으로 정당화될 수 없다고 말할 수 있을까? 이러한 조직은 다만 소멸될 운명에 처해 있는 생존만이 있을 뿐이라고 말할 수 있을까? 그런데 이러한 명제를 변호하기는 어렵지 않다. 우리 자녀의 교육은 그가 우연히 태어난 곳에 따라 좌우되지 말아야 하며, 우연히 만난 부모의 계급에 따라서 좌우되지 말아야 한다는 것도 당연하다. 그러나 우리 시대의 도덕적 양심이 이러한 관점에서 기대하는 만족을 얻을 수 있다고 할지라도, 교육은 이 모든 것에도 불구하고 보다 더 획일적인 것으로 되지 않을 것이다. 아동의 장래 진로가, 적어도 대부분은 이 이상 더 맹목적인 유전에 의해서 사전에 결정되지 않는다고 할지라도, 직업의 분화는 교육의 다양성을 반드시 초래하고 말 것이다. 실제로 각 직업은 독특한 전문지식을 요구하는 독특한 환경을 구성하며, 여기에는 특정의 사상과 실천방법, 사물관이 풍미하고 있는 곳이다. 그리고 아동은 소명(召命)받은 기능을 수행하기 위하여 준비를 하지 않으면 안 되기 때문에, 연령 이외에는 교육이 적용되는 모든 사람에게 똑같은 모습으로 이 이상 더 남아있을 수가 없다. 이러한 이유 때문에 모든 문명국에서의 교육은 점점 더 다양화되고 분화되는 것이다. 그리고 이러한 분화는 매일매일 증가하고 있는 상태이다. 이와 같이 창조적 이질성(異質性)은 우리가 방금 토론한 것처럼 부당한 불평등에 기초를 두고 있는 것이 아니라 오히려 이 이질성은 부당성을 줄이는 것이다. 동질적이고 절대적으로 평등한 교육을 발견하려면 구조적으로 분화되지 않았던 선사시대까지 거슬러 올라가야 할 것이다. 그러나 이런 사회란 인류사에서 하나의 논리적 단계 이상의 것은 못 된다.

이제 이와 같이 분화된 교육제도가 개인의 목적에 맞추어서 조직된 것이 아니라는 점은 명백해졌다. 의심할 바 없이 특수교육이 다만 행동화될 필요를 기다리고 있는 특별한 천부적 능력을 개인으로부터 계발하는 효과를 갖는 경우도 종종 있다. 이런 의미에서 특수교육도 개인의 본성을 실현시켜 주는 것을 돕는다고 말할 수 있다. 그러나 구체적으로 규정된 이러한 직업들은 위와 같은 점과는 거의 예외적인 것이라는 것을 우리는 알고 있다. 대부분의 경우 우리의 지적 또는 도덕적 기질이 어떤 특정한 기능에 적합하도록 미리 결정된 것은 아니다. 보통의 사람이라면 그는 분명히 가역성을 풍부히 타고 태어났을 것이다. 그는 광범하게 다양한 여러 직종에 모두 똑같이 잘 적응할 수 있다. 그렇다면 그가 전문화하고 특정형태로 세분화되더라도 그것은 그의 내부의 힘 때문인 것은 아니다. 오히려 그것은 사회가 그 자체를 유지시키기 위하여 그 구성원들에게 노동이 분화되고 나아가 성원 사이에도 어떤 특정 유형으로 분화되는 것을 요구했기 때문이다. 이것이 바로 사회가 교육을 수단으로 이용해서 사회가 필요로 하는 전문화된 인력을 창조하는 이유이다. 그렇다면 교육이 이렇게 다양화되는 것은 사회를 위하여 사회를 통하여 이루어지는 것임에 틀림없다.

이 이상의 것이 또 있다. 이러한 특수문화가 인간을 필연적으로 보다 완전하도록 만들어 주는 것은 아니다. 특수문화가 개인의 천부적 기질과 조화를 이루고 있을 때일지라도 그것이 완전하게 작용하는 것은 아니다. 왜냐하면 다른 능력을 사용하지 않아 쇠퇴시키지 않고, 즉 우리 본성의 전체성을 상실하지 않고서 우리의 활동상 특히 갖추어야 할 모든 능력을 골고루 필요한 강도만큼 발달시킬 수는 없기 때문이다. 예를 들면, 개체로서의 인간은 생각하도록 창조되었으며 또 생각하는 것만큼 행동하도록 창조되었다. 또한 인간은 무엇보다도 생동적인 존재이기 때문에 다른 어떤 능력보다도 행동하는 능력이 기본적인 것일 것이다. 그러나 사회의 지적 생활이 일정 수준까지 발달한 그 순간부터 행동은 전혀 하지 않고 오직 생각만 하는 사람이 있고 또 필연적으로 있어야만 한다. 그런데 사고는 행동과 분리되어서만 잘 발달할 수 있으며, 사고 자체에 관해서도 방향을 전환할 수 있어야만 발달할 수 있고, 그 목적을 행동으로부터 격리시켜야만 발달할 수 있다. 그리하여 그 속에서 활동의 모든 에너지가 사고로 전환되는 불완전한 본성이 형성되며, 나아가서 이 본성이 어떤 측면에서는 아무리 불완전하다 할지라도 과학적 진보의 측면에서는 필수 불가결한 매체(媒體)가 되는 것이다. 인간의 소질에 대한 추상적 분석으로는 인간의 실재(實在)가 이와 같이 변화하기 쉽다는 예언이나, 교육은 이와 같은 유익한 변화를 시키는 데 필요하다는 예언을 하지 못하였을 것이다.

그러나 이와 같은 특수교육의 중요성이 어떠하든 간에 그것들이 교육의 전부가 아니라는 것은 부인할 수 없다. 특수교육은 특수교육을 위해서도 불충분한 교육이라는 평도 있다. 특수교육을 실시하고 있는 곳은 어디에서나 특수교육이 분화되기 이전의 일정한 단계를 넘어서게 되면, 특수교육의 모습도 제각기 달라진다. 특수교육의 중요성도 모두 어떤 공통의 기반 위에 있다. 실제로 어떤 사회이든 지간에 모든 아동에게 보편적으로 교육시켜야 할 관념과 정서, 관습을 어느 정도 갖지 않은 국민은 없다. 일반적으로 진정한 교육으로 통하는 것은 바로 이러한 공통교육이다. 공통교육 하나만으로도 교육이라는 이름을 붙일 만한 가치를 충분히 갖는 것 같다. 다른 모든 것에 우선하여 이 공통교육에 어떤 종류의 우월성을 인정하기도 한다. 그렇다면 흔히 주장되고 있는 것처럼 공통교육이 전반적으로 인간이라는 개념 속에 암시되어 있는지, 그리고 공통교육이 이러한 인간의 개념으로부터 연역(演繹)되어 나올 수 있는 것인지, 아닌지를 아는 것은 대단히 중요하다.

실제로 교육체제에 관한 질문 중에서 이러한 질문은 역사적으로 제기되기조차 하지 않았다. 교육체제는 해당 사회체제와 분리하여 생각할 수 없다. 로마에서 평민과 귀족을 분리하는 차별에도 불구하고 모든 로마인에게 공통되는 교육이 있었다면, 이 교육은 본질적으로 그 성격상 로마적인 것이다. 동시에 그 교육은 교육의 기반이 되었던 도시의 전체 조직을 의미하는 것이었다. 그리고 우리가 로마에 관하여 이야기한 사실은 역사상의 모든 사회에 반복하여 적용될 수 있는 것이다. 모든 국민은 그 유형이 어떠하든 자기들에게 알맞은 교육을 가지고 있으며, 이 교육은 국민의 도덕적·정치적·종교적 조직과 마찬가지 방법으로 국민유형을 형성하도록 봉사할 수 있다. 교육은 국가구조의 한 요소이다. 바로 이러한 이유 때문에 교육은 시공(時空)에 따라서 크게 변화를 하여 왔던 것이다. 이러한 이유 때문에 프랑스에서 교육이 국민의 인성(人性)을 국가에 완전히 복종시키도록 습관화시키는 것이며, 다른 한편에서는 반대로 교육은 개인으로 하여금 자기 행동을 스스로 통제하는 자율적(自律的) 존재로 만들려고 노력한다. 이러한 이유 때문에 중세에는 교육이 금욕적이었고 르네상스 시대에는 자유로웠고, 17세기에는 문화위주였고, 그리고 지금은 과학적인 것이다. 이와 같은 변화는 인간이 인간의 본질이나 인간의 욕구에 관해 착오를 일으켜 잘못 인식해서가 아니라 인간의 욕구가 변화하였기 때문이다. 인간의 욕구는 사회적 조건이 변함에 따라 변하여 왔다.

그러나 과거에 대해서는 당연한 것으로 쉽게 받아들이는 사항을 현재에 대해서는 거부하고 미래에 대해서는 더욱 더 거부하는 모순을 무의식적으로 범하는 경우가 종종 있다. 누구나 로마나 그리스에서 교육의 목적이 그리스인이나 로마인을 육성하는 것이었으며 따라서 교육은 정치적·도덕적·경제적·종교적 제도의 유형과 조화를 이루고 있었다는 것을 쉽게 파악한다. 그러나 우리는 이러한 공통법칙에 대해서 현대교육은 예외이며, 이제부터는 교육이 사회화의 일관성에 덜 직접적으로 의존하고 있으며, 미래에는 사회와의 일관성으로부터 교육이 완전히 해방될 것이 요구된다고 믿도록 간곡한 부탁을 받고 있다. 우리는 우리의 자녀를 시민으로 만들기 전에 인간으로 만들어야 한다고 끊임없이 반복하여 주장하고 있지 않은가? 인간의 특성은 논리적으로 집단적 영향으로부터는 선험적인 것이기 때문에 인간 특성은 당연히 집단의 영향으로부터 독립되어야 한다는 것은 그럴듯하지 않은가?

그리고 더욱이 수 세기(世紀) 동안 우리가 알고 있는 모든 사회에서 교육이 하나의 사회제도로서 갖추어야 할 모든 특성을 갖춘 후에도 그 제도적 본질을 거의 전반적으로 변화시킬 수 있었다면 이것은 하나의 기적이 아니겠는가? 이 변형이 완성되었을 때가 교육이 진정한 공공복리를 위한 제도로 되기 시작하였을 때라는 것을 고려한다면 이 변형은 더욱 더 놀라운 일이다. 왜냐하면 프랑스에서뿐만 아니라 전 유럽에서 교육이 점점 더 직접적으로 국가의 통제와 지시 하에 들어가게 된 것은 19세기 말 이후였기 때문이다. 의심할 것 없이 교육이 추구하는 목표는, 제각기 목표를 달리했던 여러 지방적 또는 종속적이었던 과거의 조건으로부터 하루하루 멀어져가게 되어, 보다 일반적이고 추상적으로 되어 갔다. 그러나 이 목적은 여전히 본질적으로 집단적인 것이었다. 사실 교육목적이 우리에게 부과하고 있는 것은 집단성이 아니겠는가? 우리로 하여금 우리의 자녀들에게 무엇보다도 모든 인간에게 공통되는 특성을 계발할 것을 요구하는 것은 바로 이 집단성이 아니겠는가? 게다가 집단성은 여론(輿論)을 통하여 우리에게 도덕적 압력을 주면서 교사로서의 우리의 의무를 깨닫도록 할 뿐만 아니라, 집단성은 내가 방금 지적한 바와 같이 집단성 그 자체가 이러한 과업을 가정하고 있는 유용성(有用性)을 가지고 있다. 만약 집단성이 이러한 과업에 대한 배려를 많이 한다면 그것은 집단성 자체가 그 과업에 관심을 쏟고 있음을 스스로 느끼기 때문이라는 것은 쉽게 알 수 있다. 그리고 사실상 분명히 인간의 문화만이 그 문화가 필요로 하는 시민을 현대사회에 만들어 줄 수 있다. 유럽의 제 국민은 광범한 지역을 점유하고 있으며, 각 국민은 대단히 여러 종족으로 충원되었다. 또 유럽 사회는 분업이 대단히 발달되었다. 이러한 이유 때문에 유럽을 구성하고 있는 개개인은 서로 대단히 다르고 인류 공통의 일반적 특성 이외에는 그들 사이에 공통되는 점이라고는 거의 없다. 유럽의 제 국민은 그들이 서로 닮은 단 하나의 측면에서, 즉 그들이 모두 인간이라는 최대로 동등한 존재의 조건 위에서만, 모든 사회적 합의에 필수 불가결한 동질성을 보유할 수 있다. 다른 말로 표현하면, 이렇게 서로 대단히 이질적인 사회에서 인간이라는 총칭형(總稱形) 이외에는 어떤 형태이든 집합형이 있을 가능성이 거의 없다. 이 집단성에서 일반성을 제거해 버려보자. 그리고 옛날의 특수주의로 되돌아가도록 해 보면 이 거대한 국가들이 작게

원자화된 집단의 집합으로 분해되는 것을 볼 수 있게 될 것이다. 이렇게 되면 그리스나 로마의 교육이상이 그 시대의 도시(都市) 조직을 통하여서만 이해될 수 있었던 것과 마찬가지로 우리의 교육 이상은 우리의 사회구조(社會構造)로서 설명될 수 있게 된다. 만약 우리의 현대교육이 이제는 협소한 민족적인 교육이 아니라고 할 수 있다면, 그 이유도 현대국가의 조직 속에서 찾아야 한다.

이것으로 모두 설명된 것은 아니다. 인간형(人間型)을 교육자가 재현하기 위하여 노력을 아끼지 않는 하나의 모형으로까지 인간형의 권위를 고양시킨 것은 바로 사회이며 뿐만 아니라, 이 모형을 형성한 것도 사회이며, 또 사회는 모형을 형성하되 자기의 요구에 맞춰서 형성한다. 왜냐하면 이 모형이 인간의 선천적 본성 속에 모두 부여된 것으로 보는 입장은 오류이며, 또 그 모형 속에서 발견되는 모든 가능성을 최고로 발달시키기 위하여 인간형을 구상적으로 각색하는 일 이외에는 인간형 설정의 문제가 인간을 치밀하게 관찰함으로써 발견해 내기만 하면 되는 문제일 뿐이라고 생각하는 것도 오류이기 때문이다. 교육이 형성해야 하는 인간상은 자연이 만든 인간상이 아니라 사회가 필요로 하는 인간상이다. 사회는 사회의 내적 질서가 요구하는 그런 인간을 원한다. 이러한 사실은 우리가 갖고 있는 인간개념이 사회마다 변천하여 온 방식이 증명해 주고 있다. 왜냐하면 고대의 사람들도 오늘의 우리가 원하는 것과 같이 그들의 자녀들을 인간답게 만들려는 신념을 가졌었다. 만약 고대인들이 이방인들에게서 그들과 같은 인간의 모습을 발견하려 하지 않았다면, 그것은 순전히 도시공화국의 교육 만으로서도 단순한 존재를 참되고 적합한 인간으로 만들 수 있다고 그들이 믿었기 때문이다. 다만 그들 나름 대로만의 인간성을 생각했을 뿐이며, 그것은 우리들의 것과는 전혀 다르다. 사회조직상의 모든 중요한 변화는 인간 자신을 형성하는 관념에도 그와 똑같이 중요한 변화를 수반한다. 경쟁의 압력이 있는 곳에서 분업이 촉진되고, 노동자 하나하나의 전문화가 보다 두드러지게 증진되었을 때 공통교육(共通敎育)에 대한 논의의 범위는 필연적으로 제한될 것이며, 따라서 인간형에 대한 여러 가지 특성도 또한 제한될 것이다. 과거에는 한때 문예적 문화가 모든 인간문화의 기본적 요소로서 간주되었다. 그리고 지금 우리는 문예적 문화가 하나의 구체적 영역에 지나지 않는 시대로 접어들고 있다. 마찬가지 논리로, 만약 우리의 능력 중에서 우리가 인식하고 있는 능력상의 위계(位

階)가 있다고 한다면, 또 우리가 어떤 능력에 탁월성을 발휘하게 된 근거가 있다고 한다면, 또 이 근거 때문에 다른 어떤 것보다 이 탁월성을 더욱 발전시켜야 한다면, 그것은 능력 자체에 본래적으로 그런 권위에 대한 근거가 있기 때문이 아니라 또 자연 그 자체가 영구히 인간 능력에 이러한 탁월성을 부여했기 때문이 아니라, 그 능력이 사회적으로 보다 큰 가치를 가졌기 때문이다. 또한 이러한 가치의 척도는 필연적으로 사회의 변천과 함께 변하기 때문에 이 능력의 위계도 역사상 다른 두 시점(時點)에까지 동일하게 남아 있을 수는 없다. 어제는 군사적 덕성이 암시하는 모든 능력 중에서 용기가 가장 우선적이었지만, 오늘은 사고와 반성적 사색이며, 내일은 고상한 취미와 예술적 감각일 것이다. 그렇다고 하면 과거에서와 마찬가지로 현재에도 우리의 교육 이상은 하나하나 모두 사회의 작품이라고 볼 수 있다. 우리가 만들어야 할 인간형의 초상화를 그리는 것은 사회이며, 이 초상화 속에는 사회조직의 모든 특성이 반영되고 있다.

II

　요약해서 말하면 교육은 그 독특하고 주요한 목적으로서 개인과 개인의 이익을 추구하는 것이라기보다는 사회가 영구히 그 자체의 존재조건을 재창조하기 위한 수단이다. 구성원들이 동질성만 충분히 유지하기만 하면 사회는 존속할 수 있는가? 교육이 아동의 마음속에 미리 집단생활의 전제조건이 기초적 유사성(類似性)을 정착시킴으로써 이러한 동질성을 영구화하고 강화시킨다. 그러나 다른 한편으로는 상당한 다양성 없이는 모든 종류의 협동은 불가능할 것이 아닌가? 교육은 이와 같이 필요한 다양성을 교육 자체가 다양화되고 세분화됨으로써 확립시킨다. 그렇다면 교육은 양측면에서 젊은 세대들에 대해 체계적으로 사회화시키는 것이 된다. 우리들 각자 속에는 두 가지 종류의 존재가 있다고 말할 수 있다. 이것은 추상적으로만 구분할 수 있으나 분명히 서로 다른 것임에 틀림없다. 하나는 우리 자신과 개인적 생활문제에만 적용되는 정신적 상태로 구성되어 있다. 이것을 개인적 존재라고 부를 수 있다. 다른 하나는 우리의 개성이 아니라 우리가 소속되어 있는 집단을 표현하는 사상과 정서와 관습의 체계로 구성되어 있다. 이러한 것의 예로서 종교적 신념 · 도덕적 신념 · 관례 · 국민전통 · 직업전통 · 각종 집단적 견해 등을 들 수 있다. 이들의 총체가 사회적 존재를 구성한다. 우리들에게 이러한 사회적 존재를 만들어 주는 것이 교육의 목적이다.

나아가서 교육의 역할의 중요성과 그 영향의 유효성이 가장 잘 나타나는 곳도 바로 이 점이다. 실제로 이 사회적 존재는 인간의 본래적 체질에 완전한 형태로 주어지는 것도 아니며, 자연적 발달에 따라 형성되는 것도 아니다. 자연적으로 인간이 정치적 권위에 복종하는 경향이 있는 것도 아니며, 도덕원리를 존경하거나, 헌신하고 봉사하는 성향을 갖고 태어난 것도 아니다. 유전성 속에 신에 대한 복종이나 사회의 상징문장에 순종하거나 이것을 존경하고 이것의 영광을 위하여 희생을 바치도록 우리가 사전에 어떤 조치를 받은 것은 아니다. 사회가 어느 정도 확립되어 있느냐에 따라서, 인간이 사회 앞에서 스스로 무력감을 느끼게 되는 거대한 도덕적 세력을 사회는 그 자체로부터 스스로 유도해 낸다. 그런데, 만약 유전의 탓으로 돌릴 수 있는 모호하고 불확정된 성향을 그대로 내버려둔다면, 아동은 실생활에 들어갈 때 개체로서의 본능을 가지고 들어갈 뿐이다. 말하자면 사회는 새로운 세대를 거의 백지상태로

맞아들이게 되며 따라서 이 백지에 사회는 다시 그리지 않으면 안 된다. 방금 태어난 이기적이고 비사회적인 존재에게 가능한 한 빨리 사회적이고 도덕적 생활을 영위해 나갈 수 있도록 다른 무엇을 부가시켜 주어야 한다. 이러한 것이 교육의 과업이며 여러분들은 그것이 대단히 중요하다는 것을 쉽게 알 수 있다. 교육은 천부적으로 지시된 방향으로 향하여 개인 유기체를 발달시키거나, 오직 현현되기만 하면 되는 숨겨진 잠재력을 유도해 내는 데에만 한정된 것이 아니다. 교육은 인간을 새로운 인간으로 창조하며 이 새로운 인간은 우리들 내부에 있는 가장 중요한 것과 인생에 가치와 권위를 부여하는 모든 것으로 구성된다. 나아가서 이 창조적 특성은 인간교육의 특징인 것이다. 인간 외의 어떤 것이 어미에게 복종하여 점진적인 훈련을 받는 것을 교육이라고 부른다 할지라도 그것은 동물이 받는 것에 지나지 않는다. 동물의 교육도 실제로 동물 속에 잠자고 있는 본능의 개발을 촉진시킬 수 있다. 그러나 다만 천연적 기능(天然的 機能)의 역할을 촉진시킬 뿐이지 아무것도 창조하지는 못한다. 어미로부터 가르침을 받아, 어린 동물은 날고, 둥지를 짓는 방법들을 보다 빨리 배운다. 그러나 어린 동물은 자기 개체(個體)의 경험을 통하여 혼자서는 발견할 수 없는 것을 어미로부터 배우는 것은 거의 없다. 그 이유는 동물들이 사회적 조건에서 살지 않기 때문이거나 또는 개체가 날 때부터 완전한 형태로 타고난 본능적 기제(機制)로서도 충분히 작용할 수 있는 단순한 사회에서 살기 때문이다. 그렇다면 동물의 교육은 천성에 본질적인 것 외에는 아무것도 보태지 못한다고 볼 수 있다. 왜냐하면 천성이 이미 개체의 생활뿐만 아니라 집단의 생활을 포함한 모든 것에 적절하기 때문이다. 이와 대조적으로 인간에 있어서는 사회생활의 전제조건으로서 필요한 모든 종류의 제 능력을 우리의 유기체적 조직 속에 포함시킨 유기적 체질의 형태를 취하기에는 너무 복잡하다. 따라서 인간의 제능력은 유전적으로 세대 간에 전수될 수 없다고 말할 수 있다. 이러한 전수(傳授)는 교육을 통하여야 한다.

여러 사회에서 발견되고 있는 의식(儀式)은 인간교육의 이와 같은 특징적인 모습을 명백히 증명하고 있으며 또한 인간은 교육의 그러한 측면을 일찍이 인식했다는 것을 보여 주고 있다. 그것은 성년식(成年式)이다. 성년식은 교육이 끝났을 때 행해지는데 일반적으로 성인들이 청년에게 부족(部族)의 가장 기본적이고 가장 신성한 의식을 마지막으로 결정짓는 최후의 기회이다. 이 의식을 견디어 낸 사람은 그 사회에서 일정한 지위를 얻게 된다. 그는 아동기에 의존했던 여성으로부터 떠나서 이 때부터는 역전의 용사로 인정받고 동시에 성(性)을 의식하고 자기에게 주어지는 권리와 의무를 인식한다. 그리하여 성년식이라는 사실 하나만으로 성년식을 거친 사람은 완전히 새로운 사람이 된다는 믿음은 보편적으로 되어버렸다 그는 자기의 인성(人性)을 바꾸고 새로운 이름을 가지며, 이 이름은 단순한 음성기호가 아니라, 그 사람의 기본요소로 간주된다. 원시시대 사람은 이러한 변화를 상징적으로 인식하여 정신적인 원리, 일종의 새로운 영혼이 그 개인 속에 주입되는 것으로 상상하였다. 그러나 만약 우리가 이러한 신념을 이 의식이 갖는 신비적인 형식과 분리시켜 본다면, 여기에서 교육은 인간에게 새로운 존재를 창조하는 효과를 가졌다는 사상(思想)을 발견할 수 있지 않은가? 새로운 존재란 곧 사회적 존재인 것이다.

그러나 분명히 도덕적 특성은 개인에게 고통을 주기 때문에, 또 개인의 자연적 충동을 금지하기 때문에 도덕적 특성이 외적인 영향 하에서만 계발될 수 있는 것이라고 모든 사람이 생각한다면, 이외에 모든 사람이 자발적으로 획득하기를 원하고 또 추구하는 다른 어떤 것들이 있지 않은 가라고 물을 수도 있을 것이다. 이런 것들 중에서는 개인으로 하여금 사물의 본질에 보다 잘 적응하여 행동하도록 해주는 여러 가지 지적 특성들이 있다. 또한 유기체가 강건하게 되도록 신체적인 제반 특성도 포함된다. 나아가서 최소한 이런 것들을 발달시키는 데 있어서 교육은 본성의 발달을 도와주고 개인의 천연적 지향성을 비교적 완전한 상태로 인도해 줄 수 있을 뿐인 것 같다. 그러나 개인은 사회의 협조를 받아서 보다 빨리 성취할 수 있다.

　그러나 겉으로 보는 것과는 달리 다른 나라에서와 마찬가지로 우리나라(프랑스)에서도 교육은 무엇보다도 외적인 필요, 즉 사회적인 필요에 응답한다. 이러한 사실은 도덕적 특성들이 전혀 개발되지 않은 사회가 있다는 사실과 어느 경우에나 사회가 다르면 도덕적 특성들도 달라진다는 사실이 증명해 주고 있다. 역사상 모든 사람이 다 견고한 지적 문화의 장점을 인식했던 것은 결코 아니다. 과학과 비판 정신은 오늘 날 우리가 크게 가치를 부여하고 있지만 오랫동안 의심의 대상이 되었었다. 정신적으로 가난한 자가 행복하다고 주장하는 일대 교훈을 우리는 알고 있지 않은가? 그리고 이와 같은 지식에 대한 무관심이 인간의 본성과는 어긋나게 인위적으로 인간에게 강요되어 왔다고 믿어서는 안 된다. 그들은 그 당시에 개인적으로 과학에 대한 아무런 욕망도 없었다. 왜냐하면 그들이 소속되어 있던 사회가 과학의 필요를 전혀 느끼지 않았다는 아주 간단한 이유 때문이다. 살기 위하여서 그들에게는 무엇보다도 강력하고 존경받는 전통이 필요했었다. 그런데 전통은 사고나 반성을 촉발하지 못하고 오히려 방해한다. 사회 환경의 분위기가 대중의 의식을 금욕주의로 기울도록 하는 곳에서는, 체육교육은 자동적으로 배후로 물러나게 될 것이다. 이러한 현상이 중세의 학교에서 실제 발생하였다. 마찬가지로 현대적 견지에서 보면 이 똑같은 교육이 대단히 다르게 이해될 것이다. 스파르타에서는 교육의 주요목적이 사지(四肢)를 강인하게 하는 것이고, 아테네에서는 신체의 외양(外樣)을 미적으로 만드는 것이었으며, 중세 기사도 시대에는 기민하고 충성스러운 무사를 양성할 필요가 있었다. 오늘날에는 이러한 신체적 단련은 보건위생적 의미 이상은 없으며 무엇보다도 지나치게 격앙된 주지적(主知的) 문화 때문에 위험한 결과를 초래하지 않도록 하는 데 중요관심을 쏟고 있다. 그러므로 얼핏 보기에는 당연히 바람직한 것처럼 보이는 특성들까지도 사회가 개인에게 필요하다고 알려 줄 때에만 개인은 그것을 추구하게 되며, 또 사회가 처방해 준 대로 추구하게 된다.

심리학 하나 만으로서는 교사나 교육학자에게 얼마나 부적당한 기초인가를 알게 되었다. 처음부터 내가 밝힌 바와 같이 교사가 교육을 통하여 실현해야 하는 이상의 개요를 정해 주는 것은 사회일 뿐만 아니라, 나아가서 개체의 본성에는 천부적인 이상에 대한 열망과 같은 상태나 성향(性向)이 내면적으로 분명하게 결정되어 있는 것이 아니다. 대단히 일반적인 능력이 있을 것이며, 그것 때문에 우리가 교육을 실현할 수 있다는 것은 의심할 여지가 없다. 만약 인간이 자신을 희생하는 정신을 배울 수 있다면, 그것은 인간이 희생능력을 가졌기 때문에 가능한 것이다. 또 만약 인간이 과학의 법칙에 정진할 수 있다면, 그것은 과학이 그에게 부적합하지 않았기 때문이다. 인간은 우주의 통합적 부분이라는 바로 이 사실 때문에 우리는 우리 자신 이외의 다른 무엇에 관심을 가지는 것이며, 따라서 우리의 내면에는 일차적 비개인성이 존재하는 것이고, 이 일차적 비개인성은 무사무욕(無私無慾) 정신을 길러 줄 수 있다. 마찬가지로 인간이 생각한다는 사실을 봐도 우리는 앎에 대한 지적(知的) 성향을 갖고 있는 것이다. 그러나 이러한 선천적 기질은 대단히 모호하고 혼돈스러우며 그 외에도 서로 상반되는 여러 선천적 기질이 혼합되어 있다. 사회의 영향을 받아 취하게 되는 분명하고 구체적인 행동과는 메울 수 없는 깊은 간격이 가로놓여 있다. 아무리 예리한 분석을 하더라도 이와 같은 불분명한 잠재능력이 집단성의 영향을 받아 어떤 것으로 될지를 미리 안다는 것은 불가능하다. 왜냐하면 집단성은 잠재적 가능성에 결핍되어 있는 구체적 형태를 부여하는 데에만 한정되어 있지 않고 이 가능성에 새로운 무엇을 추가하기도 하기 때문이다. 집단성은 잠재적 가능성에 집단성이 갖는 고유의 에너지를 부가시켜 주며, 이런 작용을 통하여 집단성은 잠재적 가능성을 변형(變形)시키며, 본래에는 잠재능력 속에 포함되어 있지 않는 효과를 그로부터 유도해 낸다. 그러므로 우리가 개인의 정신을 미흡한 점 없이 잘 알게 되고 심리학이 실질적 과학이라고 하더라도 교사에게 그가 추구해야 할 목적을 가르쳐 주지는 못할 것이다. 교육은 사회적 조건에 의존하고 또 그것을 반영하고 있다. 사회학만이 교육을 사회적 조건과 연관시킴으로써 교육목적을 이해하도록 우리를 도와줄 수 있으며, 시민이 혼란하고 불확실하게 되어 교육목적이 무엇이어야 하는가를 알지 못할 때 교육목적을 발견하도록 우리를 도와 줄 수 있다.

III

 그런데 사회학의 역할이 교육목적의 결정에 결정적이라 하더라도 교육방법의 선택에 있어서도 똑같은 중요성을 갖고 있는 것일까?

 여기에 심리학이 본래의 특성을 발휘할 영역이 있다. 설혹 교육이상이 무엇보다도 사회적 필요를 나타내고 있다고 하더라도, 그것은 개인에 의해서 개인 속에서만 실현될 수 있는 것이다. 교육이상이 단순히 머리 속의 단어나 사회의 권고로서 뒤처져 남아 있지 않도록 하기 위해서는, 아동의 의식을 이 이상에 동조하도록 만들 수 있는 방법을 발견할 필요가 있다. 그런데, 만약 경험적 모색에 따르는 시행착오를 최소로 줄이는 것이 교육학의 한 목적이라면, 또 이 시행착오를 조금이라도 줄이기를 원한다면 의식(意識)의 법칙을 알아서 그것을 수정할 수 있어야 한다. 또한 특정방향을 지향하여 행동발달(行動發達)을 자극하려면, 그 원인과 본성이 무엇인지를 알아야 한다. 이러한 조건 위에서만 지적으로 타당하고 적절한 영향을 줄 수 있기 때문이다. 일례로 애국심이나 인류애의 고양(高揚)이 문제라 하자. 소위 성향·습관·욕망·정서 등에 영향을 미치는 제반 조건과 이런 정서적 특성이 아동에게 어떻게 나타나는가 하는 아동의 정서현상(情緒現象)을 전체적으로 보다 완전하고 보다 정확하게 개념을 파악할 때에 우리는 학생들을 이 방향 또는 저 방향으로 도덕적 감수성(感受性)을 함양하는 방법을 보다 잘 알게 될 것이다. 정서적 성향의 작용에 대해서 현상(現象)의 저변에 깔린 기초적 사실을 발견하느냐, 아니면 바람직한 혹은 바람직하지 못한 경험의 결과를 발견하느냐에 따라 정서발달(情緒發達)을 조절하기 위하여 사용하는 방법은 매우 다를 것이다. 이러한 문제를 해결하는 것이 심리학 특히 아동심리학(兒童心理學)의 임무다. 비록 심리학이 교육의 목적을 달성하는 데는 부적절하다 하더라도 방법의 개발에는 유용한 역할을 할 수 있음에 틀림없다. 개인차(個人差)를 가진 아동에게 어떠한 방법이라도 똑같은 방식으로 적용될 수 없기 때문에, 심리학은 지능이나 성격의 다양성에 적응해 나갈 수 있도록 해 주어야 한다. 그러나 불행하게도 이러한 절실한 요구를 만족시켜 줄 수 있는 조건을 갖출 시기가 아직도 창창히 먼 것 같다.

개인 문제를 다루는 과학(심리학)이 교육학에 공헌할 수 있다는 것은 의심할 여지가 없으며, 그 역할도 인식하게 될 것이다. 그러나 일련의 문제영역에 관하여 교사를 유효하게 계몽시키려면 사회학과의 협동적 노력 없이는 불가능하다.

그 첫째 이유로 교육의 목적이 사회적인 것이기 때문에 이 목적을 달성시키기 위한 수단도 사회적인 성격을 필연적으로 띠어야 한다는 점이다. 사실 모든 교육기관은 사회제도적 성격을 갖지 않은 것은 하나도 없으며, 교육기관은 사회제도의 주요 특성을 소규모의 축소된 형태로 복제(複製)하고 있다. 공동사회에서와 마찬가지로 학교에서도 규율이 있다. 학생의 의무를 정한 규칙은 성인의 행동을 규정한 규칙과 비교할 수 있다. 학교의 상벌제도(賞罰制度)는 사회의 상벌제도와 완전히 다른 것은 아니다. 우리는 완제품(完製品)인 과학을 가르치고 있는가? 그러나 끊임없이 성장하고 있는 과학은 스스로 가르치기도 한다. 과학은 그것을 알고 있는 사람의 두뇌 속에 갇히어 있는 것이 아니라, 타인에게 전달될 때에만 진실로 발달할 수 있다. 이러한 의사소통은 사회기제(社會機制)의 전 조직망에 활동성을 부여하며, 그것은 곧 하나의 학습(學習)이다. 이것은 물질적으로 학생이 교사에게 받는 학습과 다를 바 없다. 이 외에도 과학자들은 그들 동료집단에서는 상호간에 서로 교사라고 부르지 않으며 또 그들 주위에 모인 집단을 학파라고 부르지도 않고 있지 않은가? 예는 얼마든지 들 수 있다. 학교생활이 사회생활의 싹이며, 후자는 결실(結實)이고, 전자의 개화(開花)인 것처럼, 전자에서 작용하는 주요과정이 후자에서 발견될 수 있는 이유는 바로 여기에 있다. 그런데 사회제도의 과학, 즉 사회학은 교육기관이란 무엇인가에 대한 이해를 중진시켜 주는 것이나 혹은 교육기관은 어떠해야 한다는 당위성(當爲性)에 대한 추론을 할 수 있게 해 줄 것으로 기대된다. 사회를 보다 잘 이해할수록 학교라는 소사회(小社會) 속에서 발생하는 모든 사태를 보다 잘 이해할 수 있게 될 것이다. 이와는 달리 방법의 결정에 관해서 심리학적 자료의 한계성을 인식하고 조심스럽게 이용하는 것은 적절하다고 본다. 심리학 하나만으로는 방법의 설계에 필요한 모든 요소를 제공할 수 없다. 왜냐하면 방법이란 그 원형 개인 속에 있는 것이 아니라, 집단 속에 있기 때문이다.

더욱이 교육목적의 기반인 사회적 조건은 방법의 설계에까지 영향을 미친다. 사회적 조건은 방법의 개념 설정에도 영향을 미친다. 왜냐하면 목적의 본질은 부분적으로 방법의 본질에 대한 암시도 포함하고 있기 때문이다. 예를 들면 사회가 개인주의를 지향할 때는, 개인에 압력을 가하거나 개인의 내적(內的) 자발성을 무시하는 효과를 나타낼 가능성이 있는 교육의 제 절차는 용납할 수 없거나 거부될 것이다. 이와는 대조적으로 보수적이거나 혹은 변화무쌍한 환경의 압력 하에서 사회가 모든 개인에게 보다 강한 동조의식(同調意識)을 부과할 필요가 있다고 느낄 때는 지성의 과도한 주도를 창조할 수 있는 모든 것이 금지될 것이다. 사실 교육방법의 체계가 근본적으로 변혁된 시기는 언제나 집단적 생활 전체에 걸쳐서 거대한 사회적 조류(潮流)의 영향을 느끼고 그 영향 하에서 일어났던 것이다. 문예부흥기에 중세시대에 만연하게 사용되었던 방법과는 전혀 반대되는 새로운 방법을 채택하게 된 것은 심리학적 발견의 결과가 아니다. 그러한 변화는 유럽사회의 구조적 변화의 결과이며, 인간에 대한 새로운 개념과 우주에서의 인간의 위치에 대한 새로운 개념도 대두되었었다. 마찬가지로 18세기 말과 19세기 초에 교사는 추상적 방법을 귀납적 방법으로 대체시켰고, 그것은 곧 시대정신의 반영인 것이다.바제도나 페스탈로찌나 프뢰벨은 모두가 우수한 심리학자는 아니었다. 그들의 이론이 표현한 것은 무엇보다도 인간의 내심(內心)의 자유에 대한 존경, 아무리 사소한 역할이든 그에 대한 공포, 인간애(人間愛)와 아동애 (兒童愛)였으며, 이러한 것들은 현대 개인주의의 기초가 되었다.

그러므로 교육을 어떤 측면에서 고찰하든, 어느 곳에서나 똑같은 성격을 가진 것처럼 보인다. 즉 교육이 추구하는 목적의 문제이든, 사용하는 방법의 문제이든, 모두 사회적 요구에 대한 응답이다. 교육이 표현하고 있는 것은 모두 집단적 사상이나 정서(情緖)이다. 물론 개인으로서도 교육에서 어떤 이점(利點)을 발견한다. 우리들 내부의 것 중 최선의 것은 교육에 신세지고 있다는 것을 우리는 명백히 인식하지 못하지 않았는가? 이러한 이유는 우리들 내부의 최선의 것이 그 기원상 사회적인 것이기 때문이다. 그러므로 우리가 항상 되돌아가야 할 곳은 사회에 대한 연구이다. 이곳에서만이 교육자는 자신의 사색의 원리를 발견할 수 있다. 심리학도 이미 진술된 사색의 원리를 아동에게 적용해 나갈 최선의 방법이 무엇인가를 교육자에게 알려준다. 그러나 심리학은 그 원리들을 발견하도록 해주지는 못한다.

마지막으로 한 가지 첨가할 것이 있다. 만약 사회학적 관점이 교육자들에게 특히 긴급한 과제로서 제시된 시기와 나라가 하나 있다고 한다면, 그것은 우리나라(프랑스)와 우리 시대임에 틀림없다. 사회가 비교적 안정된 상태에 있고 잠정적으로 균형을 이루고 있을 때, 예를 들면 17세기의 프랑스와 같은 사회일 때는, 즉 교육체제가 확립되어 지속되며 누구에게서도 도전을 받지 않을 때는, 유일하게 압력을 가하는 문제점은 적용(適用)의 문제뿐이다. 교육의 목적이나 방법이 지향하고 있는 일반적 방향에는 아무런 심각한 문제가 발생되지 않는다. 거기에는 다만 교육목적과 방법의 일반적 지향을 실제에 적용할 수 있는 가장 훌륭한 방법에 대한 논쟁이 있을 뿐이며, 이러한 논쟁은 심리학이 해결해 줄 수 있는 문제꺼리이다. 우리가 살고 있는 이 세기(世紀)에는 이와 같은 지적·도덕적 안정성이 없다는 것을 지적해 둘 필요가 있다. 동시에 이러한 현상은 우리 시대의 애로점이면서 위대함이기도 하다. 현대사회가 겪었거나 겪는 도중에 있는 심각한 변화는 국민교육에서도 그에 대응하는 변혁을 필수적으로 요구하고 있다. 그러나 우리가 아무리 변화가 필요함을 잘 인식한다고 하더라도, 무엇으로 변화되어야 할지에 대해서는 모른다. 개개인이나 소수집단의 개별적 신념이 무엇이 든 간에 여론은 결정되지 않았으며 불안한 상태에 있다. 그러므로 교육의 문제는 17세기의 사람들에게보다는 훨씬 긴급한 과제로서 우리들 앞에 제기되고 있다. 이제 교육문제는 여러 가지 잡다한 착상을 실천에 옮기는 것이 아니라, 우리를 지도해 줄 이념을 찾는 것이다. 만약 우리가 교육활동의 원천, 즉 사회 그 자체로 되돌아가지 아니한다면 어떻게 지도적 이념을 발견해 낼 수 있을까? 사회는 고찰되어야 하고, 사회의 요구는 밝혀져야만 한다. 왜냐하면 충족시켜야 할 것은 바로 사회의 요구이기 때문이다. 우리들 자신을 조사하는 것만으로 만족하는 것은 우리가 도달하여야 할 현실을 외면하는 것이 된다. 이렇게 되면 우리의 주변 세계와 우리 자신에게 영향을 미치는 제반 세력을 우리는 이해할 수 없게 된다. 교육자에게 사회학적 접근이 이처럼 필요한 때는 없었다고 말한다고 해서 내가 편견을 따르고 있다거나 내가 일생동안 연구해 온 학문에 대한 과도한 사랑에 집착해 있다고 생각하지는 않는다. 실제 이용할 때 필요로 하는 완성된 절차를 사회학이 제공해 줄 수 있기 때문은 아니다. 이런 것을 제공해 주는 것이 어디에 있는가? 그러나 사회학은 이보다 더 많은 일을 더 잘 해낼 수 있다. 그것은 우리가 가장 긴급하게 필요로 하는 것을 제공해 줄 수 있다. 즉 실천의 핵심이며 실천을 지속시켜 주고, 우리(교사)의 행동 하나하나에 의미를 부여해 주며 그 행동을 계속하게 해 주는 지도이념을 제공해 줄 수 있다. 이 지도이념이 교육을 유효하게 해 주는 필수조건인 것이다.

제4장

프랑스 중등교육의 발전과정과 역할

프랑스 중등교육의 발전과정과 역할

(1) 여러분! 이 자리에서 나의 임무는 여러분에게 직업상의 전문기술을 가르쳐 드리는 것이 아니라고 생각한다. 직업상의 구체적 기술은 실습을 통해서만 학습될 수 있으며 여러분도 내년이면 실습을 통하여 그 기술을 배우게 될 것이다. 그러나 기술은 그것이 아무리 훌륭한 것이라 하더라도 이용자가 그 기술로서 달성하고자 하는 목적과 그 기술에 필요한 여러 수단에 대해 심사숙고해 보지 않는다면 그 기술은 쉽게 통속적인 경험으로 전락해 버리고 말 것이다. 따라서 나의 임무는 여러분의 사고방향을 교육문제로 향하게 하고 그 강의에서는 미래에 교사가 될 사람에게 어떤 요령이나 공식을 전달해 줄 것이 아니라, 그들의

역할이 무엇인가를 확실히 인식시켜 주어야 할 것이다.

이러한 강의는 이론적으로 진행하여야 할 필요가 있다. 그러나 바로 이 이론적 특성 때문에 이 강의의 유용성(有用性)을 의심하는 사람도 있다. 이런 의심을 하는 사람들조차도 상투적 방법으로 충분하다거나, 전통적 방법에 반영적 사고를 통하여 지도조언을 가할 필요가 없다고까지 주장하지는 않을 것이다. 인간의 모든 활동영역 중에서 과학·이론·사색, 즉 한마디로 반영적 사고는 실제현장에 더욱 더 침투하여 계몽하는 역할을 한다. 이러한 반영적 사고를 예외적으로 교사의 활동에는 적용하지 말아야 한다면 아주 이상한 일이 아닌가! 물론 우리는 많은 교육학자들이 이성(理性)을 잘못 적용했던 사례들을 신랄하게 비평할 수 있다. 즉 그들이 고안한 교육체계가 지나치게 인위적이고 추상적이기 때문에 현실적 관련성이 결핍되었고 따라서 실제적 유용성이 별로 없다는 비평이 타당한 경우가 있다. 그러나 이것만으로 교육학을 연구할 필요가 없다고 단정하여 그것을 배척할 만한 충분한 동인은 되지 못한다. 뿐만 아니라 이런 결론이 타당하지 못하다는 것도 곧 인식하게 될 것이다. 다만 리세(Lycée)의 교사들은 그들의 신분 때문에 교육학적 사고에 대한 특별한 훈련과 실습은 필요 없다고 생각할 뿐이다. 물론 이러한 훈련이 초등학교 교사에게는 필요하다! 초등학교 교사들이 배운 문화는 보다 제한된 문화이다. 따라서 그들의 전문직에 대해 깊이 사색하도록 자극하고, 그들이 활용하게 될 제 방법의 원리를 설명해 줄 필요가 있다. 이렇게 함으로써 제 방법을 분별력 있게 이용할 수 있도록 되는 것이다. 그러나 중등학교의 교사들은 리세와 대학에서의 수학과정에서 다방면에 걸쳐 예리하게 훈련되었고 고도의 이론을 배워온 사람들이다. 따라서 교사로서의 특별한 훈련은 그들에게 시간의 낭비만 초래할 뿐이다. 특별한 예비교육을 받지 않더라도, 그들은 학생들 앞에 서게 되면 즉시 수학과정(修學過程)에서 익힌 반영적 사고력을 십분 발휘하여 적용할 것이다.

전문으로 반영적 사고를 할 수 있는 천성적 능력이 리세 교사들의 특징이라고 생각되어 왔다. 그러나 이것을 확증해 주지 못하는 사정이 하나 있다. 그것은 반영적 사고를 적용하고 있는 인간의 모든 활동 중에서 우리는 다음과 같은 사실을 발견할 수 있다는 것이다. 즉 인습조차도 반영적 사고가 발달하는 정도까지 혁신에 순응적이며 더욱 혁신적으로 된다는 것이다. 사실 반영적 사고란 본질적으로 모든 상투적인 것에 대한 도전자이며 타고난 적수이다. 습관이 고정되면 변화를 억제하게 되어 고착형(固着型)에 사로잡히는데 이것을 예방할 수 있는 것은 오직 반영적 사고뿐이다. 또 반영적 사고만이 주위환경이 변화하는 데 따라 인습도 변화·발전·적응할 수 있도록, 인습에 적응성과 융통성을 필요한 만큼 부여할 수 있고 유지할 수 있다. 반대로 반영적 사고를 적게 하면 적게 할수록 변화에 대한 저항은 더욱 커진다. 그런데 프랑스의 중등 교육은 혁신에 대한 과도한 욕망으로 가득한 것이 아니라 오히려 새로운 것에 대한 지독한 혐오감으로 가득 차 있다. 프랑스에서 정치적·경제적·도덕적 제 제도를 포함하여 모든 것이 변하였음에도 불구하고 비교적 변하지 않고 남아 있는 것이 있다. 이것이 바로 소위 고전 교육의 기초를 구성하고 있는 교육개념들이다. 나(뒤르껭)의 세대까지만 해도 몇 가지 피상적인 것을 추가한 것 외에는 왕조시대의 제수이트(Jesuits)교단의 학교에서 고양시켰던 이상과 별반 다를 바 없는 똑같은 이상의 영향을 받은 학생들이었다. 이러한 학구생활에서 비판정신이나 탐구정신이 교육활동에 어떤 중요한 역할을 하였다는 증거는 하나도 없었다.

이러한 사실은 다음과 같은 것을 알려준다. 사람은 어

떤 현상에 대해 반영적 사고를 하는 훈련기회를 가졌다 하더라도 일단 현상과 환경이 달라지게 되면 새로운 곳에서의 특정사상에 대해서도 반영적으로 사고할 수 있는 것은 아니다. 학문의 발달에 커다란 공헌을 한 위대한 과학자들이 대단히 많지만, 이들도 자기의 전문분야를 떠나면 어린애와 같이 무지(無知)하다. 대담한 혁신가들도 일단 다른 분야에 들어가면 무지한 대중과 별 다르게 생각하거나 행동하지 못하고 관습에 따라서 행동하는 단순한 사람에 지나지 않는다. 이러한 현상이 나타나는 이유는 편견이 달라지기 때문이다. 편견은 반영적 사고가 제 기능을 제대로 발휘하지 못하게 방해하는데, 사회적 현상이 달라지면 적용되는 법칙도 달라지고 또 거기에 따라 편견도 달라져야 하기 때문이다. 그렇다고 한다면 한 방면의 지식인은 그 영역에서는 대범할 수 있지만, 다른 영역에서는 우안의 개구리 같을 수도 있는 것이다. 한 예로 나는 위대한 역사가를 한 분 알고 있는데 그의 기억력에 탄복하고 있다. 그러나 그는 교육문제에 대해서는 겨우 롤랭(Rollin)의 사상에 머물러 있을 뿐이다. 그 밖에도 제 사회적 현상은 여러 범주로 나눌 수가 있는데 각 범주는 거기에만 적절한 특유의 방법에 따라 독자적으로 반영적 사고를 하지 않으면 안 된다. 각 범주에 적용할 적절한 방법은 임시변통으로 알 수 있는 것이 아니라 의도적(意圖的)으로 학습해야만 한다. 그렇다면 사어(死語)의 아름다움이나 수학의 법칙 또는 고대사 및 현대사를 배우는 것으로 주어진 직책에 철저하게 되지도 못하고 문제해결 능력을 가지기에도 충분하지 못하며, 더구나 교육문제에 관하여 논리정연하게 반영적 사고를 하기에는 부족하다. 이와 같은 특수형태의 반영적 사고는 예비교육을 필요로 하는 전문분야를 구성하며, 이 강의의 나머지 부분에서 이 문제를 증명해 나갈 것이다.

(2) 따라서 중등학교 교사에게 예비교육을 특별히 면제해 줄 만한 정당한 근거가 아무것도 없다. 또 중등학교가 적절한 문화로서 교사에게 교육에 대한 반영적 사고를 계발하는 것이 무익하다고 해야 할 이유도 없을 뿐만 아니라, 오히려 어떤 관점에서 이 반영적 사고는 다른 사람에게보다 중등교사에게 더욱 더 필수불가결한 것이다. 일반적으로 실체(實體)가 복잡할수록, 또 생활이 복합적(複合的)일수록, 운영의 묘를 살리기 위해서는 반영적 사고를 더 많이 할 필요가 있다. 초등학교의 경우는 적어도 원리상으로는 각 학급이 오직 한 사람의 교사의 수중에 있다. 따라서 수업은 아주 자연스럽고도 단순한 통일성(統一性)을

갖출 수 있다. 그것은 바로 가르치는 사람의 통일성을 의미한다. 한 사람의 교사가 수업의 전과정을 감독하기 때문에 하나의 목표를 지향하여 각 과목의 순위를 정하고 상호 조정·협동시키는 것이 비교적 용이하다. 그러나 리세에서는 사정이 전혀 다르다. 여기서는 한 학급의 수업을 여러 교사가 전문분야별로 강의한다. 여기에 진정한 의미의 교육학적 분업(分業)이 있다. 이 분업은 과거부터 전래해 온 리세의 교육유형을 하루하루 수정해 가고 있으며, 우리가 장래 언젠가는 당면하게 될 심각한 문제를 제기하고 있다. 어떤 기적이 일어나서 이러한 다양성으로부터 통일성을 확보할 수 있을까? 각 과목을 담당하고 있는 교사들이 전체성과 과목간의 조정방법에 대해 어떤 감각을 갖추지 않는다면, 이와 같은 여러 과목이 어떻게 상호 타협하고 하나의 전체성을 이룰 수 있도록 할 수 있을까? 우리가 현재로서는 중등교육의 목적을 설정할 위치에 있지는 못하더라도—이 문제는 전 과정이 끝날 때 가장 효과적으로 제기될 수 있는 문제이다—적어도 다음과 같이는 말할 수 있다. '리세에서의 교육목적은 수학자나 문학가·박물학자·역사가를 육성하는 것이 아니라 문학이나 역사·수학을 수단으로 하여 인간을 형성하는 것이다'라고.

그러나 교사들이 제각기 교육의 과업이 무엇이며, 이를 위해 학교에서 서로 어떻게 협동해야 하는지를 모른다면, 어떻게 교사들이 그들의 역할을 제각기 전체의 목적에 부합할 수 있도록 수행할 수 있을까?

이 모든 문제들이 자연적으로 처리되고 과목 간에 공통되는 목적이 전혀 모호하지 않으며 교육은 인간을 형성하는 것이다. 라고 모든 사람이 알고 있은 것처럼 착각하는 경우가 종종 있다. 그러나 실제로는 이러한 명제는 모호하여 구체적 내용을 전혀 상실하고 있다. 따라서 나는 나의 연구의 결론에 따른 편견을 갖지 않고서 이 명제를 제시할 수 있었다. 이 명제는 인간정신을 세분해서는 안 된다는 것을 주장하고 있을 뿐이다. 그러나 이 명제는 어떤 정신이 갖추어야져야 할 것인지, 그 모형(模型)에 대해서는 전혀 알려 주는 바가 없다. 17세기에 정신을 도야하던 방법은 오늘날 부적당할 것이다. 또 정신은 초등학교에서도 형성되지만 리세에서와는 다른 모습으로 형성된다. 그렇다면 교사들이 구체성을 상실한 이와 같은 격언을 지침으로 삼고 있는 한은 그들의 노력이 분산될 것이고 따라서 어떤 마비현상을 초래할 수밖에 없을 것이다.

그리고 우리나라의 리세에서 베풀고 있는 교육도 분산

된 상태에서 행해지고 있는 형편이다. 각 교사는 자기의 전문과목을 마치 그것이 목적인 것처럼 가르치고 있다. 그러나 각 과목은 그것이 언제나 관련을 맺고 있어야만 하는 어떤 목적에 대한 수단일 뿐이다. 내가 리세에서 교편을 잡고 있을 때, 한 장관이 이러한 무정부적 원자화상태를 타파하기 위해서 각 학교마다 모든 교사들이 그들의 공동문제에 대해 토론을 할 수 있도록 월례회(月例會)를 조직하였다. 그러나 슬프게도 이 월례회는 공허한 형식적 회합으로 그치고 말았다. 우리는 기대에 가득차 이 회합에 나갔는데, 곧 서로 토론할 것이 아무것도 없다는 것을 알게 되었다. 왜냐하면 거기에는 공통목표(共通目標)라고는 전혀 없었기 때문이다. 대학에서 각 학습 집단이 제각기 물샐틈없이 틀어 막혀진 칸막이 속과 유사한 상황 속에서 수업을 받고 있는 한 중등학교의 이러한 사태가 어떻게 달라질 수 있을까? 이러한 식의 분업상태를 극복하기 위한 유일한 방법은 앞으로 교사들이 상호간에 협동체로서 서로 만나 그들의 공통과제를 집단적으로 생각할 수 있도록 해 주어야 한다. 교사교육기간 중에 특별히 시간을 할당하여 그들이 일생 동안 종사하게 될 교육체계(教育體系)에 대해서 전체적 안목을 갖고 파악할 수 있는 기회를 제공해야 한다. 그렇게 함으로써 그들이 무엇이 교육체계의 통일성을 확보해 주는지는 알게 해 주어야 한다. 즉 교육체계가 구현하려는 이상이 무엇이며, 이 이상을 달성하기 위해 체계의 각 부분이 어떻게 협조해야 하는지를 알도록 해야 한다. 그런데 이러한 시도는 내가 앞으로 이야기할 방법과 계획에 따른 수업과정(修業過程)을 통해서만 좋은 결과를 얻을 수 있다.

(3) 그러나 또 다른 문제가 있다. 오늘날 중등교육은 이러한 수업을 특히 절박하게 필요로 하는 특별한 조건 속에 처해 있다. 18세기 후반기 이후로 중등교육은 아직까지 계속되고 있는 심각한 위기를 겪어오고 있다. 누구나 중등교육이 과거의 모습 그대로 남아 있을 수 없다고 느꼈으나, 어떻게 변화되어야 하는가에 대해서는 아무것도 확실히 알지 못하였다. 그러므로 이 문제의 개혁은 거의 1세기동안 주기적으로 그것이 어려우면서도 긴박하다는 것을 재확인하면서 시도되었다. 이 과정에서 얻은 결과는 대단히 중요하다. 구체제(舊體制)는 새로운 사상에 대해 개방적으로 되었고, 신체제(新體制)는 형성 도중에 있었으며 활기에 차 있었다. 그러나 아직 신체제는 무엇인지 불확실한 상태였고, 구체제는 변화되었다기보다는 양보에 의해 조

절되었다고 하면 지나친 말일까? 바로 이 문제에 대한 혼동은 다음 사실을 살펴봄으로써 명백하게 알 수 있다. 우리나라 역사상 어느 시기에나 교육자들이 아동에게 실현하려고 제시한 이상을 한마디로 간결하게 표현할 수 있었다. 중세기에는 문학부 교수들이 학생을 변증론자로 만들려 하였고, 르네상스 이후에는 제수이트 교단과 대학에서 인문주의자를 양성하려는 목적의식이 팽배하였다. 그러나 오늘날은 리세의 교육이 추구해야 할 목적을 특징 있게 표현할 말을 결여하고 있는데, 이것은 교육의 당위적(當爲的) 목적만을 장황하게 파악하려 하기 때문이다.

또 우리의 의무는 학생을 인간으로 만들기만 하면 된다고 말함으로써 문제의 어려움이 해결될 수 있다고, 사람들이 믿게 해서는 안 된다. 이 문제의 해결은 전적으로 언어의 문제에 달려 있다. 왜냐하면 그것은 우리 유럽사람, 더 구체적으로 우리 프랑스 사람을 어떤 인간으로 만들어야 하는가를 지적(知的)으로 아는 문제일 뿐이기 때문이다. 역사상 각 시대마다 모든 국민은 제각기 고유한 인간상을 갖고 있었다. 중세는 중세대로 고유한 것을 가졌고, 르네상스 시대는 르네상스 시대대로의 고유한 인간상을 가졌으며, 당면한 문제는 우리가 추구해야 할 인간상이 무엇인가를 아는 것이다. 이 문제는 프랑스에만 고유한 문제가 아니며, 유럽에서 이와 같은 문제로 골탕 먹지 않을 만큼 위대한 국가는 하나도 없다. 어느 나라에서나 현대사회에서 발생한 물질적·도덕적 제도의 변화는 학교제도에도 그에 못지않게 심연한 변형을 불가피하게 하고 있다고 교육학자나 정치가들이 인식하고 있다. 왜 하필이면 중등교육에서 위기가 이렇게 강렬하게 요동을 치는 것일까? 언젠가는 우리가 이 질문에 대답하지 않으면 안 될 것이다. 그러나 당분간 나는 이것을 논쟁거리가 되지 않는 사실로 언급하는 것으로 그치겠다.

그런데 이렇게 어렵고 갈피를 못 잡는 시대를 벗어나려면, 법령과 규정의 효과에만 의존할 수는 없다. 법령과 규정은 그 권위가 어떤 것이든 간에 그것을 적용할 책임이 있는 사람들의 협동을 통하여서만 실현될 수 있는 단어집에 지나지 않는다. 만약 여러분이 이 규정들을 현실화할 기능을 맡은 사람이고, 그것을 마지못해서 수용하고, 믿지 않으면서도 복종한다면, 그것들은 사문(死文)일 뿐이며 유익한 결과라곤 하나도 나타내지 못할 것이다. 또한 그것들은 해석하는 데에 따라서 전혀 다르거나 또는 반대되는 결과까지 초래할 수 있다. 이와 같이 법령이나 규정은 그

최종효과가 언제나 여러분의 태도와 행동에 달려 있는 계획에 지나지 않는다. 그렇다면 여러분들의 교육관을 계발하는 일이 무엇보다도 중요한 일이 아니겠는가! 우리가 마음속에 확고하게 결정하지 않고 있는 한, 확고한 것으로 만들어 줄 수 있는 행정법령(行政法令)은 없다. 우리는 이상을 판정(判定)하지는 않는다. 이상은 그를 실현해야 할 의무를 진 사람들에게 이해되고, 애호 받고, 욕망의 대상(對象)이 되어야 한다. 한마디로 말해서 교육을 재조직하고 재구성하는 거대한 사업은 다른 사람이 아닌 교육 자체를 재조직하고 재구성하도록 소명 받은 바로 교사들이 해야 할 필요가 있다. 그렇다면 교육체계를 파악하고, 그것이 무엇이며, 체제 변화의 원인이 무엇이며, 지향해야 할 방향이 무엇인가를 알 수 있도록 모든 필요한 수단이 제공되어야 한다. 이러한 효과를 얻으려면, 장래의 교사들에게 직업적 훈련을 하는 것으로만은 충분하지 못하다는 것을 누구나 쉽게 알 수 있다. 무엇보다도 먼저 이를 장래의 교사들에게 반영적 사고를 정열적(情熱的)으로 하도록 노력하게 만들 필요가 있으며, 이것은 그들이 일생 동안 추구해야 할 일이며, 대학과정(大學過程)에서 시작해야만 한다. 왜냐하면 오직 대학에서만 그들이 기본적인 지식을 배울 수 있으며, 이 기본적인 지식이 없이는 교육에 대한 그들의 반영적 사고가 하나의 공론이나 백일몽에 지나지 않게 되기 때문이다.

이러한 조건이 보장되어야만 아무런 부자연스런 절차를 밟지 않고서도 중등교육의 미약해진 생명력(生命力)을 다시 재생시킬 수 있다. 왜냐하면―중등교육의 미약성은 숨길 수 없다―사라져가고 있는 과거와 아직 확정되지 않은 미래 사이에서 정확히 어느 시점인지는 불확실하지만, 중등교육을 둘러싸고 있는 지적 무질서의 한 결과로서 중등교육은 이제 과거에서처럼 타당성이나 생활에 대한 열정을 표명할 수 없게 되었다. 중등교육에 대하여 이러한 논평은 기탄없이 할 수 있다. 왜냐하면 이 논평은 사람에 관한 비평이 아니라 비인간 요인으로 발생한 결과에 대한 비평이기 때문이다. 한편으로는 고전문학에 대한 과거의 정열과 고전문학이 고양(高揚)했던 신념이 구제할 수 없으리만큼 뒤흔들렸다. 인문주의가 누렸던 과거의 영광과 인문주의가 제공했던 또 아직도 제공하고 있는 공헌을 아무런 이의 없이 망각해 버릴 수 있다. 그러나 인문주의가 부분적으로나마 너무 오랫동안 활개를 쳤다는 인상을 지우기는 어렵다. 다른 한편으로는 사라진 신념에 대체할 새로운 신념이 아직도 없다. 따라서 교사들은 자기들이 봉사하는 궁극목표가 무엇이고, 자기들의 노력이 무엇에 도움이 되는지를 종종 자문하게 된다. 그러나 교사는 자기의 역할이 사회의 중요한 활동과 어떤 관련을 맺고 있는지를 확실히 알지 못하고 있다. 이러한 상황에서 회의주의적 경향이나, 환멸상태나 도덕적 불안상태가 나타나며, 이런 상태가 지속되면 반드시 위험이 따르게 된다. 교육적 신념이 없이 가르치는 교사는 영혼이 없이 육체만 있는 교사이다. 그러므로 여러분의 최초의 임무요 최초의 관심사는 여러분이 이제 되려고 하는 교사라는 새로운 육체에 영혼을 부활시키는 일이다. 그리고 여러분은 이 일을 혼자서 해낼 수 있다. 그러나 확실히 여러분이 이 과업을 성공적으로 수행할 수 있는 조건을 만들어 주기에는 2~3개월의 과정으로 충분하지 않다. 이 과업에 여러분이 일생을 바쳐 일하는 것이 여러분의 임무일 것이다. 그러므로 여러분에게 이 과업을 떠맡겠다는 의지를 일깨우고, 이 과업을 수행하는 데 필요한 가장 중요한 수단을 여러분의 수중에 안겨 주고서 시작할 필요가 있다. 이런 일들이 내가 오늘 시작하는 강좌의 목적이다.

(4) 이제 여러분들은 내가 여러분과 함께 추구하고자 하

는 목적이 무엇인지를 알게 되었다. 나는 중등교육의 문제를 전반적으로 여러분에게 제시하려 하며, 거기에는 두 가지 이유가 있다. 첫째로 여러분에게 우리나라 문화가 지향해야 할 방향에 대해 일가견을 갖도록 하기 위해서이고 다음으론 이 문제를 공동으로 탐구함으로써 앞으로 여러분을 자극하여 협동적 분위기를 만들 수 있도록 하기 위해서이다. 교육목적에 대해서는 이미 언급하였으므로 그 목적을 달성할 수 있는 방법을 모색해 보자.

학교체계는 그것이 무엇이든 간에 두 가지 요소로 구성되어 있다. 한편으로는 한계가 분명하게 정하여져 있고 안정된 일련의 장치(裝置)와 확립된 제반 방법들, 한마디로 일련의 제도로서 구성되어 있다. 재판과 종교, 정치에 관한 제도가 있듯이 교육제도도 마찬가지이다. 그러나 동시에 이렇게 구성된 기제 속에는, 그 기제를 작동시키고 변화시키는 사상이 있다. 아마도 하나의 교육체계가 정상상태에 있거나 정체상태(停滯狀態)에 있는 것 같은 희귀한 경우를 제외한다면, 아무리 안정되고 잘 고안된 체계일지라도 현존(現存)하는 것 이외의 그 무엇을 향하여 움직이거나 다소간에 섬광을 비치었던 이상을 향하는 경향이 있게 마련이다. 외부에서 볼 때, 중등교육은 물질적·도덕적 조

직이 확립되어 있는 일련의 제도로서 보여진다. 그러나
다른 한편으로는 바로 이 제도는 그것이 표현하려고 노력
하는 열망(熱望)을 내포하고 있다. 고정되고 안정된 이 활
동 속에 동적인 활동이 있으며, 그것은 보다 깊숙이 숨겨
있기는 하지만 결코 무시되어서는 안 된다. 과거는 계속
되어 왔으며 그 속에는 언제나 생성과정에 있는 새로운 그
무엇이 늘 있어 왔다. 학교현실의 정적인 면과 동적인 면
의 이 두 가지 측면에 관하여 우리는 어떤 태도를 지녀야
할까?

우선 첫째로 교육자들은 보통 이해관계가 없다. 과거로
부터 물려받은 여러 가지 장치들에 대하여 그들은 별로 관
심을 갖지 않았다. 그들은 이 문제가 자기들에게 아무런
중요성도 갖지 않는 것으로 파악했다. 최소한 대개의 경
우 혁명적 사상가들은 현실에 무관심하다. 혁명적 사상가
가 고취시키고자 하는 이상이 실현될 수 있는 전혀 새로운
교육체계를 근본적으로 건설하기 위하여, 혁명적 사상가
는 현실을 끈기 있게 참으며 현실로부터 해방될 꿈을 꾸고
있다. 그렇다면 혁명적 사상가가 이제까지 존재해온 실천
양식과 방법과 태도에 대하여 걱정할 것이 무엇인가? 혁
명적 사상가는 시야를 미래에 두고 미래를 무(無)에서 건

설할 수 있다고 믿고 있다.

그러나 인습타파를 부르짖는 사람들의 이러한 열성(熱誠)이 대단히 비현실적이며 위험하기까지 하다는 것을 우리는 잘 안다. 현재의 조직이 일순간에 붕괴되는 것은 가능하지도 않을 뿐더러 바람직하지도 않다. 여러분은 앞으로도 현재의 조직 속에 살아야만 하는 것이며 또 이 현실조직이 존속하도록 만들어야 한다. 바로 이러한 점 때문에 현실조직에 대해 여러분은 알아야 한다. 그리고 현실조직을 변화시키기 위해서도 그것에 대해 알 필요가 있는 것이다. 무(無)에서의 창조란 물리적 질서 세계에서 뿐만 아니라 사회적 질서 세계에서도 불가능하기 때문이다. 미래는 즉석에서 만들어지지 않는다. 그것은 우리가 과거로부터 물려받은 자료로써 건설할 수 있을 뿐이다. 가장 성과가 큰 혁신(革新)은 과거의 모형에다 새로운 착상(着想)을 부가시킨 것이 대부분이다. 새로운 내용을 과거의 모형에 채택시키려면 부분적으로 수정하는 것만으로 충분하다. 새로운 교육 이상을 실현시키는 최선의 수단은 기존의 조직을 일부 수정하여 이용하는 것이며, 필요하다면 기존조직을 새로운 목적에 맞추어서 변형시킬 수도 있다. 기존의 교과과정을 과격하게 변화시키지 않고도 쉽게 성취시킬 수 있는 개혁이 대단히 많지 않은가! 현행 교육장치에 새로운 정신을 불어넣어 생명력을 일으킴으로써 그것들을 유익하게 이용하는 방법을 아는 것으로 충분하다. 기존의 교육제도를 이용할 수 있으려면 현실을 무시해서는 안 된다. 인간은 사물의 본질을 아는 정도 만큼만 사물에 유효한 영향을 미칠 수 있다. 학교제도의 진화에 유효한 영향을 미치려면 학교제도가 무엇이고 그 구성요소는 무엇이며, 그 개념은 무엇이며, 또 그 근본 기저에는 무엇이 있으며, 학교제도가 반응을 하고 있는 것이 무엇이며, 학교제도가 창설된 이유 등을 아는 것으로부터 시작해야 한다. 그러므로 과학적이고 객관적인 총합연구(總合硏究)는 필수불가결한 것이며, 그 실천적 결과는 명약관화한 것이다.

이러한 연구는 그렇게 복잡하지 않은 것처럼 생각된다. 우리는 오랜 경험으로 학교생활의 제측면에 익숙해 있기 때문에 그 연구가 대단히 단순할 것같이 보이며, 세밀히 검토되어 해결되어야 할 일단의 조사연구 문제를 본질적으로 제기하지 않을 것같이 보인다. 다년간 우리는 초등교육과 대학교육 사이의 교육을 중등교육이라고 알아왔다. 우리는 언제나 주변에서 학교나 그 속의 학급을 보아

왔다. 따라서 이와 같은 모든 장치들이 자체적으로 문제를 해결하는 것으로 믿게 되었고 그것들이 어디서 유래되었고 무엇에 봉사해야 할 것인지에 대해 연구할 필요를 느끼지 않게 되었다. 그러나 이러한 장치들을 현재 상태에서가 아니라 역사적으로 고찰할 때에는 위와 같은 자만적 환상은 사라지게 된다. 초등·중등·고등의 3단계 학교제도가 언제나 있었던 것은 아니다. 그것은 요즈음 생긴 것이다. 아주 최근까지도 중등교육과 고등교육은 구분되지 않았다. 오늘날에는 중등교육을 초등교육과 분리시키는 구분점이 없어져 가는 경향이 있다. 학교에 학급이 형성된 것도 16세기 이상을 거슬러 올라가지 않으며, 또 혁명기에는 한때 이 제도가 없어졌다는 것도 알게 될 것이다. 학교 제도가 영원한 필요성 같은 것에 일치하는 것은 결코 아니다. 이러한 현상은 학교제도가 일정 문화수준에 있는 모든 사람의 보편적 요구와 결부되어 있는 것이 아니라 한정된 주장과 특수한 사회조건과 결부되어 있기 때문이다. 이러한 사회조건은 역사적 분석으로 발견해 낼 수 있다. 그런데 우리가 중등교육이 무엇인가를 진정으로 알게 되는 것은 교육과 결부된 사항들을 확실하게 알게 되는 정도까지만 아는 것이다. 왜냐하면 중등교육이 무엇인지 안다는 것은 단순히 그 외적이고 피상적인 형태를 안다는 것이 아니라, 중등교육의 의의는 무엇이며 어떤 위치를 차지하고 있으며 전체 국민생활 중에 어떤 역할을 담당하고 있는가를 안다는 것이기 때문이다.

그렇다면 약간의 오성(悟性)과 문화만으로써 다음과 같은 문제들을 쉽게 해결할 수 있다는 생각을 조심해야 한다. 그 질문들이란, '중등교육이란 무엇인가?' '학교란 무엇인가?' '학급이란 무엇인가?' 등이다. 실제로 우리는 개인적인 지적 분석으로도 그 실태를 형성하고 있는 한두 가지의 개념을 쉽게 추출해 낼 수가 있다. 그러나 이러한 주관적인 개념이 갖는 유용성이 대체 얼마나 큰 것인가? 우리가 발견해 내야 할 것은 중등교육의 객관적 본질과 중등교육사상의 흐름, 중등교육을 발생시킨 사회적 필요이다. 그런데 이런 문제들을 파악하기 위하여 우리 시대만 고려하여 문제를 규명하는 것으로는 충분하지 않다. 왜냐하면 과거로부터 발생한 결과이기 때문에 과거 속에서 그 작용 상태(作用狀態)를 파악해야 한다. 이러한 문제들에 대해 우리가 갖고 있는 개념을 당연한 것으로 받아들이지 말고 그것을 일단 의심해야만 한다. 왜냐하면 그러한 개념을 개인의 제한된 경험의 산물이며 또 개인의 기질의 영향을 받기 때문에 편파적이고 허구적일 수가 있다. 따라서 새로이 연구를 시작할 필요가 있고 체계적인 의문을 제기할 필요가 있고, 탐구하고자 하는 학교라는 세계를 진실된 발견의 여지가 남아 있는 미지의 대륙처럼 취급하여야 할 필요가 있다.

이와 같은 방법은 모든 문제에 적용된다. 교육의 조직양식(組織樣式)에 관하여 제기될 수 있는 아주 구체적인 문제에까지 이와 같은 방법이 적용된다. 경쟁제도(競爭制度)는 어디서부터 나타난 것인가? (왜냐하면 경쟁제도에 대한 책임을 제수이트 교단에게 전적으로 전가시키는 것은 너무나 소박한 소치이기 때문이다) 우리가 사용하고 있는 교과제도(敎科制度)는 어디서 유래되었는가? (왜냐하면 그것은 시대에 따라 변해 왔다는 것을 알고 있기 때문이다) 학교에서 주로 사용되고 있는 관례(慣例)는 어디서 유래되었는가? 이러한 문제들은 현재에만 집착하여 있는 한 알 수가 없으며, 그 복잡성은 역사적으로 연구할 때에만 발견된다. 예를 들면 성경구절의 주석(註釋)이, 고대에서이든 현대에서이든, 학급에서 차지하고 있는 위치는 어떻게 하여 차지하게 되었으며, 그리고 우리 정신과 문명의 기본적 특성과 맺은 관계가 어떻게 하여 형성되었는가를 알게 될 것이다. 이러한 문제에 대한 해답은 중세교육을 연구하는 중에 찾을 수 있다.

(5) 그러나 학교제도를 현재 조직된 상태로서만 파악하고 이해하는 것으로는 충분하지 않다. 왜냐하면 학교제도는 끊임없이 진화해야 하기 때문에 거기에 작용하고 있는 변화의 방향성(方向性)을 인식할 필요가 있기 때문이다. 즉 우리는 현재 상태가 어떤지를 알아야 함과 동시에 미래에는 어떻게 되어야 할 것인지를 결정할 수 있어야 한다. 이 후자의 문제를 해결하는 데도 역사적이고 비교적인 연구방법이 전자의 문제해결에서와 마찬가지로 필요불가결한 방법일까?

언뜻 보기에는 불필요한 것 같이 보일 수도 있다. 모든 교육개혁의 궁극적 목적은 학생들을 보다 그들이 살고 있는 시대에 적합한 시대적 인간으로 형성하는 데 있지 않은가? 그런데 우리 시대의 시대적 인간은 어떤 인간상(人間像)인가를 파악하는 데에 과거에 대한 연구가 우리에게 무엇을 알려주는가? 오늘의 학교교육이 목표로 삼고 실현하려는 인간상을 중세시대나 르네상스나, 17세기 또는 18세기에서 빌려올 수는 없는 것이다. 그러기 위해서는 오늘의 인간이 고찰되어야 한다. 즉 고찰되어야 할 사람은 바로 우리 자신인 것이다. 나아가 우리들 자신으로부터 인식하고 추출해 내야 할 것은 무엇보다도 내일의 인간상이다.

 그러나 처음부터 바로 현재의 절박한 사정이 무엇인지를 알기는 쉽지 않다. 프랑스와 같이 거대한 사회가 경험하는 여러 요구는 무수히 중복되고 복합되어 있다. 따라서 우리 자신이나 우리의 주변을 아무리 예리하게 관찰하더라도 그러한 제반 요구를 전부 파악하기에는 충분하지 못하다. 우리가 소속해 있는 좁은 환경으로부터는 우리에게 밀접하게 관련된 것들만 지각할 수 있고, 또 우리가 받은 교육과 우리의 기질로서 가장 이해하기 쉬운 것들만 지각하게 된다. 그 예를 들어보자. 우리는 행동인이며 사무적 환경 속에서 살고 있는가? 만약 그렇다면 우리는 자녀를 실질(實質)을 숭상하는 인간을 만드는 경향을 띠게 된다. 우리는 깊이 사고하기를 좋아하는가? 만약 그렇다면 우리는 과학적 문화의 유용성을 칭송하게 된다. 그러므로 우리 자신과 주변만 살피게 되면, 상호 모순되며 일방적이고 특수주의적 개념을 다루는 것으로 끝나게 마련이다. 만약 우리가 이러한 특수주의를 탈피하려고 한다면, 또 만약 우리 시대에 대한 보다 완전한 개념을 형성하려 한다면, 우리는 우리 자신으로부터 탈피해야 하며 시야를 넓혀서 사회가 감지하고 있는 여러 가지 포부를 파악하기 위하여 종합적 연구를 시작하여야 한다. 다행히도 사회의 포부는 강하지 않을 때에도 관찰할 수 있는 형태로 표현되게 된다. 이 포부는 개혁안 속에나 재건계획(再建計劃)에 용해되어 있다. 우리가 이러한 포부를 찾기 위하여 가야 할 곳은 이와 같은 계획이나 방안이다. 이 속에 교육자들이 쌓아 올린 신조는 이 방법으로 우리에게 공헌할 수 있다. 교육자의 신조가 크게 도움이 되는 것은 이론으로서가 아니라, 역사적 사실로서 이다. 교육자들의 이러한 사상의 조류는 교육학설의 제학파를 낳게 되었으며, 우리는 이것들을 파악하여 깊은 관심을 갖고 실현하고자 하고 있다. 그러므로 이것들을 상호비교하고 분류하고 해석하기 위한 전반적 연구가 필요하다.

그러나 이러한 조류를 아는 것으로 충분하지 못하다. 우리는 그것을 평가할 수 있어야 한다. 우리는 그것을 받아들일 것인지 배척할 것인지를 결정하고 그 이유를 밝힐 수 있어야 한다. 그리고 그것을 실천에 옮길 수 있는 적당한 시기가 오면 어떤 형태로 실행할 것인지를 결정할 수 있어야 한다. 그런데 이러한 조류가 최근에 표현된 형태로만 파악하여서는 그 진가를 진정으로 평가할 수 없음이 명백하다. 이 조류는 그것을 생성시켰던 실질적이고 객관적인 요구와 관련시켜서만, 그리고 이러한 요구를 발생시킨 제 원인과 관련시켜서만 판단할 수 있다. 이 원인들이 무엇인가에 따라서 그리고 그것들이 우리 사회의 정상적 발달과 밀접히 관련되어 있다고 믿을 만한 충분한 근거가 있느냐 없느냐에 따라서 우리는 그것들을 받아들이느냐 거부할 것이냐를 결정해야 할 것이다. 우리가 파악해야 할 것은 바로 이러한 원인들이다. 그러나 만약 이러한 조류들의 사상사를 재확립하지 않는다면, 그 기원으로 거슬러 올라가지 않는다면, 어떤 방법과 어떤 요인들이 작용해서 그 사상들이 발달하였는지를 추적(追跡)하지 않는다면, 어떻게 이 원인들을 발견해 낼 수 있을까? 그러므로 현재상태가 어떤 미래상태로 될 것인가를 예언하기 위해서는, 현재를 이해하려고 할 때와 꼭 마찬가지로 우리는 현재에서 탈피하여 과거로 되돌아가지 않으면 안 된다. 예를 들면 학교가 고전형(古典型)으로부터 학문형(學問型)으로 이르게 된 변천과정을 설명하기 위해서는 현재의 논쟁점을 넘어서 18세기나 17세기까지 거슬러 올라가야 하는 이유를 알 것이다. 그리고 사상의 이러한 움직임이 근 2세기나 계속되어 왔으며, 그 사상이 발생한 이후로 점점 더 세력을 확장하여 온 것을 입증하는 바로 이 사실이 이미 이 세상에 존재하는 어떤 변증법적(辨證法的) 논쟁보다도 그 사상의 필요성을 더 잘 설명해 줄 것이다.

더욱이 위험부담을 최소로 줄이면서 미래의 윤곽을 파악하려면, 개혁동향에 대한 개방적인 자세로 체계적인 인식을 하는 것만으로는 충분하지 않다. 왜냐하면 개혁가들이 종종 마음속에 품고 있는 환상처럼 내일에 대한 이상이 완전히 독창적인 것만으로 구성될 수는 없기 때문이다. 거기에는 틀림없이 어제의 우리의 이상이었던 것이 많이 유입되어 갈 것이며, 따라서 어제의 이상은 알아야 할 중요한 대상이다. 우리의 정신은 하루 저녁에 완전히 변해지는 것은 아니다. 그러므로 정신을 역사적으로 파악해 보고, 그것을 형성하는 데 기여할 여러 원인 중에 계속적으로 작용한 원인을 알아내야 한다. 새로운 이상은 과거의 이상의 결과요 그 발전일 뿐이다. 그럼에도 불구하고 그것은 언제나 과거의 이상에 대해 자연적으로 발생하는 적대적 환경 속에서 나타나기 때문에 위와 같은 주의를 기울일 필요가 있다. 그리고 이러한 적대주의의 소용돌이 속에서 과거의 이상이 완전히 소멸되어 버리지는 않을까 하는 두려움이 항상 있었다. 새로운 이상은 젊은 힘과 생명력을 가졌기 때문에 과거의 개념을 쉽게 말살시켜 버리기 때문이다. 이와 같은 붕괴가 인본주의 교육이 확립되었던 르네상스 시대에 일어났음을 알 수 있다. 중세시대 교육의 모습은 거의 남지 않게 되었고 이러한 완전한 파멸은 프랑스 국민교육에 심각한 결함을 낳게 하였다. 이와 같은 전철을 다시는 밟지 않기 위하여 모든 가능한 주의를 기울여야 할 것이며, 만약 앞으로 인본주의 시대가 종지부를 찍게 된다고 하더라도 그 중 계속 보존되어야 할 측면을 유지할 수 있는 방법도 알아야 할 것이다.

그러므로 어떤 관점을 고려하든 간에 무엇이 우리의 후세에까지 남아 영향을 미칠 것인가를 주의 깊게 고찰하기 시작할 때에야 비로소 우리가 여행할 길을 비교적 확실히 알 수 있을 것이다.

(6) 내가 이 강좌에서 제시한 주제의 의의를 이제는 이해할 수 있을 것이다. 내가 만약 프랑스 중등교육이 형성·발전된 과정에 대해 여러분과 함께 공동연구를 한다면 나는 순수 과학의 입장에서가 아니라 실천적 결과를 얻기 위해서 하는 것이다. 물로 내가 따라야 할 방법은 과학적인 방법임에 틀림없다. 그것은 바로 역사학이나 사회과학에서 응용하는 방법이다. 내가 교육학적 신념을 말하더

라도 그것은 설교를 하자는 뜻에서 하는 것이 아니다. 나는 여전히 과학자로 남아 있는 것이다. 다만 인문과학에 대한 나의 생각이 인간행동을 유효하게 인도하도록 공헌할 수 있어야 한다는 것뿐이다. 선행을 하려면 자신을 잘 알아야 한다는 옛 속담이 있다. 그러나 우리 자신을 잘 알기 위해서는 의식의 피상적인 부분에만 관심을 집중시키는 것으로 불충분하다는 것을 오늘 알았다. 왜냐하면 표면에까지 나타나는 정조(情操)와 사상이 우리의 행동에 가장 영향을 많이 미치는 것이 결코 아니기 때문이다. 규명해야 할 것은 과거의 생활과정에서 점진적으로 형성되거나 유전적으로 물려받은 습관이나 성향(性向)들이다. 이런 것들이 우리를 지배하고 있는 실질적 세력인 것이다. 그런데 이런 것들은 무의식 속에 숨겨져 있다. 그러므로 우리는 우리의 개인역사와 가족역사를 재건(再建)시킴으로써 그것을 성공적으로 발견할 수 있을 것이다. 마찬가지로 학교제도에 대해 우리가 맡은 바 기능을 적절히 수행하기 위해서는 그것을 외부로부터가 아니라 내부부터 알아야 할 필요가 있다. 즉 역사적으로 알아야 한다. 왜냐하면 오직 역사만이 현재의 교육체제의 외면을 관철해 볼 수 있기 때문이다. 오직 역사만이 그 이면을 분석할 수 있고 그 구성요소(構成要素)를 파악하고 각 요소의 존재조건과 상호간의 관계 등을 우리에게 알려줄 수 있다. 한마디로 오직 역사만이 오늘의 교육체계를 과거로부터 연결해놓은 제원인과 결과의 길다란 연쇄를 우리에게 파악시켜줄 수 있다.

이상이 내가 여러분에게 드릴 강의였다. 그것은 정확히 말해서 교육학의 강의일 것이다. 그러나 사용한 방법의 차이 때문에 보통 말하는 교육학과는 상당히 다를 것이다. 우리가 보기에는 교육학자의 저작(著作)은 모방하도록 만든 모형이거나 포부(抱負)의 원천이 아니라 시대정신(時代精神)에 관한 증빙서류이다. 이와 같이 해석을 받고 있는 교육학이 언젠가는 부분적인 불신과 불공평으로부터 회복될 수 있기를 나는 바란다. 또 나는 어떻게 하면 오랫동안 계속되어 온 편견으로부터 탈피할 수 있는가를 여러분들이 배우기를 바라며, 육영사업의 고귀성과 중요성을 이해하기를 바란다. 따라서 내가 여러분에게 요구하는 것에 대해 능동적으로 협조해 줄 것을 바라며 이 협조 없이는 나는 쓸모 있는 일을 아무것도 못할 것이다.

역자 후기

개인은 타인과 상호작용하는 과정에서 인간이 된다. 사회
는 개인 각자에게 사회의 제측면을 인식시킴으로써 사회
속의 개인 즉 사회적 존재를 창조한다. 개인은 추상적인
'사회일반'에 사는 것이 아니라, 어떤 직업적 역할을 하도
록 또 특수한 환경에 살도록 '구체적으로 운명 지워졌다.'
따라서 교육은 아직 사회생활에 미숙한 아동에게, 성인이
미치는 영향력의 행사이며, 그 기능(機能)은 아동들에게 각
자의 사회적 운명에 맞도록 적응시키는 것이다. 교육은
사회적인 것이다.

위의 글은 뒤르껭의 교육에 대한 기본적인 생각을 요약
한 것이다. 그의 사회관은 두 가지의 골자를 포함하고 있

다. 첫째로 '사회'를 실체(實體)로 파악한점이다. 형식사회학과 심리주의적 사회학에 반대하여 사회실체론(社會實體論)을 주장함으로써 '사회학주의'를 창도하였다. 둘째로 개인과 사회의 조화관(調和觀)이다. 개인과 사회는 상호적 대관계란 없으며, 사회의 각 부분은 서로 관련되어 기능함으로써 존속 유지된다는 유기적 합의모형(有機的 合意模型)에 따라 사회적 현상을 설명하고 있다. 그의 이러한 생각은 오늘날의 구조기능주의(構造機能主義)의 기초가 되었다. 그의 교육관과 이론도 이러한 관점에서 이해되어야 할 것이다.

교육의 지주(支柱)는 사회이며, 사회의 지지를 받는 교육만이 실시된다. 교육현실에서 야기되는 문제는, 사회에 깊게 뿌리박은 문제이며, 따라서 그것의 탐구는 뿌리 깊게 다루지 않으면 안 된다. 뒤르껭에 의하면 교육문제는 목적에 관한 것이든 제도에 관한 것이든 내용에 관한 것이든, 심지어는 방법에 관한 것까지도 사회 속에 뿌리를 박고 있다. 개체로서의 인간행동에 뿐만 아니라 사회적 존재로서의 인간에도 또 사회구조 속에도 관습과 전설 속에도 정치·경제 체계 속에도 교육은 문제의 뿌리를 내리고 있다. 뿐만 아니라 이러한 제측면에서 역사적 뿌리도 내

리고 있다. 교육의 탐구에 있어서나 개선을 위한 노력에
있어서나 간과해서는 아니 될 요소가 이 사회적 뿌리와 역
사적 뿌리이다. 한국교육의 현황과 문제점을 밝히려는 데
일조가 될 수 있는 기초적 사고방식과 문제의 접근방법을
뒤르껭은 실증적으로 전개하였다.

번역에 대본으로 사용한 것은 영역판 Education and
Sociology(Free Press. Trans. by S. D. Fox)이다.

어느 작가가 창작의 과정을 '뼈를 깎아 펜을 만들고 피
를 토하여 잉크를 만들며 고뇌의 늪 속에서 원고지를 메워
나가는……' 과정이라고 표현한 적이 있다. 번역 역시 마
찬가지인 것 같다. 번역자의 역할은 자기(磁氣)를 띤 입자
를 전류로 바꾸고 그 전류를 다시 소리로 바꾸는 '녹음기'
의 역할에 비유할 수 있을 것 같다. 프랑스어에서 영어로
영어에서 다시 우리말로 번역되는 과정에서 원저자의 심
오한 사상과 문체가 어느 정도는 손상되었으리라 짐작된
다. 그러나 역자는 충실한 '녹음기'가 되고자 다방면의 고
심과 노력을 아끼지 않았다. 천학비재(淺學菲才)한 탓으로
생긴 미흡한 점은 독자 여러분에게 지도편달을 받아 정정
하겠다.

끝으로 이 책이 나오기까지 많은 은사·선배님들로부터 입은 은덕에 감사드립니다. 또한 이 책을 널리 보급할 수 있도록 출판을 쾌히 허락해 주신 배영사 사장님께 감사드립니다.

역자 이종각